Christian Rätsch

Die »Orientalischen Fröhlichkeitspillen« und verwandte psychoaktive Aphrodisiaka

Christian Rätsch

Die »Orientalischen Fröhlichkeitspillen«

und verwandte psychoaktive Aphrodisiaka

Reihe
Ethnomedizin und Bewußtseinsforschung

VWB – Verlag für Wissenschaft und Bildung

Die Reihe *Ethnomedizin und Bewußtseinsforschung*
wird herausgegeben von **Dr. Christian Rätsch**

Titelillustration:
Darstellung der *Dela Dhatura* (Stechapfel) aus Garcia da Orta, *Colloquies on the Simples & Drugs of India* (London: Sotheran, 1913). Die Samen des Stechapfels sind ein Hauptbestandteil der »Orientalischen Fröhlichkeitspillen«

CIP-Titelaufnahme der Deutschen Bibliothek

Rätsch, Christian:
Die »Orientalischen Fröhlichkeitspillen« und verwandte
psychoaktive Aphrodisiaka / Christian Rätsch. - Berlin, VWB,
Verl. für Wiss. u. Bildung, 1990
(Reihe Ethnomedizin und Bewußtseinsforschung)
ISBN 3-927408-21-2

2. Auflage 1995

Verlag und Vertrieb:
VWB - Verlag für Wissenschaft und Bildung
Amand Aglaster, Markgrafenstr. 67, 1000 Berlin 61, Tel. 030/251 04 15

Druck:
GAM-Media GmbH, Berlin

Inhalt

»Tochter des Libanon, wenn du aus den geheimnisvollen Tiefen des Opiums zu mir gekommen bist, bleibe, bleibe bei mir ... Mein Herz verlangt nach dir. Bis zum Ende meiner Tage werde ich mich von der unsichtbaren Droge nähren, die dich vor meinen Augen erstehen läßt. Das Opium ist mächtiger als Ambrosia, denn es verleiht die Unsterblichkeit des Traumes und nicht die trostlose Ewigkeit des Lebens; es ist feiner als Nektar, denn es zaubert so fremdartige, strahlende Wesen herbei; es ist gerechter als alle Götter, denn es vereint jene, die dazu bestimmt sind, sich zu lieben! Aber wenn du eine Frau aus Fleisch und Blut bist, gehörst du mir - für immer -, denn ich will mein Hab und Gut hergeben, um dich zu besitzen.«

Marcel Schwob
Das Opiumhaus

»Das innere Auge verwandelt alles und verleiht jedem Ding die ergänzende Schönheit, die es braucht, um wirklich zu gefallen.«

Charles Baudelair
Die künstlichen Paradiese

»Der Mohn, seit altersher ein Synonym des Schlafes und des Vergessens, hat zudem die Eigenschaft, die Zeit fast endlos auszudehnen - nicht etwa die Uhrzeit mit ihrem allmächtigen Weltzwang, sondern die Zeit, die ganz und gar Wohnung und Eigentum des zugleich An- und Abwesenden ist. Das ist der größte Luxus: seine eigene Zeit haben.«

Ernst Jünger
Annäherungen - Drogen und Rausch

Vorwort

Im Mai 1985 machte mich Dr. Albert Hofmann auf ein altes Rezept zur Anfertigung sogenannter *Orientalischer Fröhlichkeitspillen* aufmerksam. Das Rezept besagte nur, daß diese Pillen aus Opium, Cannabis, Datura und Gewürzen bestehen. Genauere Angaben fehlten leider.

Ich bin dem Rezept experimentell nachgegangen und habe in der Literatur ähnliche oder verwandte Rezepturen aufgespürt. Dabei zeigte sich, daß im ganzen Orient Kombinationen von *Cannabis* + *Opium* + *Nachtschattengewächs* + *Gewürze* als Medizin, als Aphrodisiakum und als bewußtseinserweiternde Drogen bekannt sind und gebraucht werden.

Die vorliegende Arbeit stellt einen ethnopharmakologischen Versuch dar und soll nicht zum unkontrollierten Rauschmittelgebrauch anregen. Die Kenntnisse von Synergismen bei Wirkstoffkombinationen, die sich traditionell bewährt haben, können zu völlig neuen Verfahren in der Pharmakologie führen und weitere Aufschlüsse über biochemische Zusammenhänge im lebenden Organismus liefern.

Bei allen Personen, die mich bei der Suche nach den »Orientalischen Fröhlichkeitspillen« unterstützt haben, möchte ich mich herzlich bedanken. Besonders sei der Tochter des Libanon gedankt, die ihr schillerndes Kleid himmlischer Pracht über dem Bewußtsein des Forschers ausgebreitet hat.

Christian Rätsch
Hamburg,
zur Zeit der gepflügten Äcker

Das Rezept

In Johann Friedrich Osianders in Tübingen 1838 erschienenem Buch *Volksarzneimittel und einfache, nicht pharmaceutische Heilmittel gegen Krankheiten des Menschen* werden die *Fröhlichkeitspillen* erstmals erwähnt.

In Georg Friedrich Mosts *Encyklopädie der gesammten Volksmedizin* von 1843 heißt es unter dem Stichwort *Fröhlichkeitspillen:*

»Um üble Laune und hypochondrische Gemüthsverstimmung zu vertreiben, nehmen die Orientalen, welche bekanntlich sich auch gern am Opiumrauchen und Opiumessen ergötzen, ihre Zuflucht zu einer Mischung: *Nepenthe* genannt, bestehend aus dem Pulver der trocknen obersten Blätter und Blüthen des Hanfs, in Verbindung mit Opium, Arecanuss, Gewürzen und Zucker, welche sie in Pillenform verschlucken. (S. Osiander l.c.p.113.)« (Most 1973: 194)

Unter dem Stichwort *Hanf* steht weiter: »auch die Fröhlichkeitspillen der Morgenländer haben Hanf zum Hauptbestandteil.« (ebd.: 255)

In Berges und Rieckes 1845 erschienenem *Giftpflanzen*-Buch findet sich unter der Überschrift *Datura metel* folgende Angabe:

»Die Samen bilden auch einen Bestandteil der orientalischen Fröhlichkeitspillen, die außerdem noch Mohnsaft, Hanf und einige Gewürze enthalten; sie bilden für die Orientalen, denen der Wein untersagt ist, ein Surrogat desselben und sollen ein unbeschreibliches Wohlbefinden erregen; sie haben sich in neuester Zeit auch nach Europa verirrt und brachten in Marseille wahre Vergiftungssymptome hervor.« (S. 101)

Leider gibt diese Beschreibung der »Orientalischen Fröhlichkeitspillen« keine genauen Angaben zu den Mengen, Mischungsverhältnissen, Qualitäten und Provenienzien der Bestandteile an.

Eine weitere Erwähnung der *Fröhlichkeitspillen* findet sich in einer Fußnote in dem 1855 erschienenem Buch *Die Narkotischen Genußmittel und der Mensch* von Dr. Ernst Freiherr von Bibra:

»**Mojum** ist ein sehr starkes Präparat aus Hanf, Mohn, Stechapfel, Krähaugen, Milch und Zucker, **Gondschaki** endlich, oder *Fröhlichkeitspillen*, deren schon bei den alten Sanskritschriftstellern gedacht wird, scheint ganz identisch mit einem der leichtern orientalischen Präparate zu sein.« (S. 271)

In dieser Arbeit wird der Versuch unternommen, das Rezept der Fröhlichkeitspillen zu rekonstruieren, deren psychische und pharmakologische Wirkung zu analysieren und eine kulturgeschichtliche Einordnung durchzuführen.

Verwandte Präparate

Überall im Orient und in Südostasien werden Präparate, die eine den Fröhlichkeitspillen ähnliche pharmakologische Basis besitzen, als Aphrodisiaka oder *Joy Pills* hergestellt und verkauft.

> »Auf den Märkten kleiner Orte wie auch in Bangkok finden sich Händler, die entsprechende Heilmittel - nach alten, überlieferten Rezepten hergestellt - anbieten: Das Spektrum der Ingredienzien reicht von Opiaten über Pflanzenauszüge bis hin zu Krötengift und Schlangengalle. Diese geheimnisvollen Tinkturen und Salben sollen sowohl Potenzschwäche beheben wie auch den Kindersegen positiv beeinflussen.« (Haack 1984: 128)

Datura *(kechubong)* und Opium *(chandu)* sind in Malaya Grundlage einer halluzinogenen Mischung:

> »Datura seeds are combined with opium and the fresh green shoots of a wild yam called gadong (which see) and the inner green bark of a shrub with honey flowers (*pohun nerapih*; Glycosmis citrifolia - Rutaceae). A mixture of *kechubong* such as this is said to cause a form of insanity with hallucinations of sight followed by death in a few months' time. This form of insanity is said to be a sequel to a preliminary delirium.« (Gimlette 1971: 220)

Auch eine Mischung mit *ganja* (Cannabis) ist überliefert:

> »*Kechubong* seeds combined with *ganja* and *chandu* (opium) and made up with slime from the cat-fish *ikan keli*, sap from the sago palm und juice from the horse-radish or 'drumsticks' tree of Ceylon (*merunggai*; Moringa pterygosperma, Gaertn.-Moringaceae) occur in a combination used by the Kelantan poisoner.« (ebd.)

Das älteste überlieferte europäische Rezept, das den Fröhlichkeitspillen ähnelt, stammt von Plinius. Er gibt an, daß ein Dekokt aus Alraune, Opium, Bilsenkraut, Lattich und Kampfer ein hervorragendes Mittel zur Schmerzbekämpfung sei und sich als Vorbereitung auf chirurgische Eingriffe eigne (Tichy 1979).

> »Als Catapotium (eine bohnenartige Pille; eigentlich: Bissen) fand es [Opium] mit verschiedenen Ingredienzien, z.B. Kalmus, Rautensamen, Bibergeil und Zimt, Verwendung, aber auch mit magischen Pflanzen wie der alkaloidhaltigen Alraune (*Mandragora*) oder Panaxwurzel (= allgemein: Allheilkraut; vgl. Panazee = das Allheilmittel) sowie Pfeffer und Myrrhe bei Atembeschwerden, Kopf-, Leber- und Milzschmerzen. In der Gynäkologie galt es bei Entzündung des Uterus ebenso als indiziert wie bei Hysterie, die man für frauenspezifisch hielt.« (Schmitz 1981: 380)

Paracelsus hat ein Arkanum besonderer Art hergestellt und es zur Beruhigung von Geisteskranken und als Lebenselixier empfohlen:

> »Nun ist zu verstan als wir darzu sezen sedativa, dieselben sind mer dan zu glauben nüzlich darin, als opium thebaicum und dergleichen die anderen; wollen wir ir vermischung anzeigen und bereitung also:
>
> Rp. Opii Thebaici drach. 2
> Cinnamomi unc. semis
> Musci, ambrae ana serup 1
> seminis papaveris utriasque unc. semis

mandragorae drach. semis
masticis drach. 3 succi hyosc. drachm. 1.« (Henglein 1985: 57)

Das *Arcanum Vitriole* besteht also aus Opiumtinktur, Mohnsamen, Moschus und Ambra, Alraune und Bilsenkraut und Mastix-Weihrauch. Danach wurde auch das *Laudanum Paracelsi* hergestellt, »das mit kostbaren Ingredienzien ... angereichert wurde. Zu letzteren zählten das vom Moschusochsen gewonnene Ambra [?] ebenso wie ägyptische Mumie, ferner Augstein (Zinksulfat), Bezoarstein, Einhorn, Trinkgold [Auripigment?], Korallen, Perlen, aber auch das Öl von Anis, Kümmel, Pomeranzen, Zitronen, Muskatnuß, Nelken und Zimt, die man alle somit in die Opiumpillen verarbeitete. Die Polypragmasie der Zeit hatte sich des Opiums auf ihre Weise bemächtigt.« (Schmitz 1981: 382)

Unter den Vergleichsrezepten zu den »Orientalischen Fröhlichkeitspillen« sind besonders dieses und das folgende Rezept nach Piobb aufschlußreich:

»**Pillen für wunderbare Träume**
(eine oder zwei abends vor dem Schlafengehen)

Rinde von der Hundskrautwurzel	15,0
Samen von Bilsenkraut	15,0
Opiumextrakt	15,0
Myrrhe	23,0
Weihrauchöl	20,0
Safran	6,0
Castoreum [Bibergeil]	6,0
Opiumsirup	im Verhältnis

Zu einer glatten Masse verarbeiten und in Pillen von 0,1 aufteilen.« (Spilmont 1984: 142)

Die pharmakologisch wirksame Basis dieses Rezeptes folgt dem Prinzip Opiat + THC + Tropanalkaloid + diverse Gewürze. Abgerundet wird die Mixtur durch einige Aphrodisiaka (Castoreum = Bibergeil). Opiumextrakt und -sirup(?) liefern die Opiate; Weihrauch (= Olibanum) enthält THC (vgl. Behr 1982: 382); und die Bilsenkrautsamen enthalten Hyoscyamin und Scopolamin.
Hundskraut oder Hundspetersilie (*Aethusa cynapium*) scheint ein Substitut für Schierling in analogen Hexensalbenrezepten [siehe dort] darzustellen:

»Aethusin, Aethusanol und Spuren von Coniin sind in allen Teilen der Pflanze enthalten. [...] Coniin wirkt zuerst erregend, dann lähmend auf das Rückenmark und auf die Medulla oblongata. Die Wirkung auf Muskeln und vegetatives Nervensystem ist nikotinähnlich. **Vergiftungserscheinungen:** Brennende Schmerzen im Mund, Erkrankung des Magen-Darm-Kanals mit Erbrechen, Koliken und Durchfall, Schlingbeschwerden, Schüttelkrämpfe, Schaum vor dem Mund; auch Krämpfe der Kaumuskulatur wurden beobachtet.« (Altmann 1980: 70)

Ayurvedische Rezepte, Bhang und Majun

Im altindischen Medizinsystem, dem Ayurveda, gibt es eine besondere Wissenschaft von den *vajikarana*. Das sind Mittel, die den Mann zum Hengst werden lassen, die Erschlafftes wieder zum Stehen bringen und die die Lust am Leben und der Sexualität fördern. Die meisten *vajikarana* oder Aphrodisiaka enthalten Opium und Cannabis. Die Rezepte dafür sind sehr alt und gehen auf die Gründer der ayurvedischen Medizin zurück. Unter der Kategorie *Bhang* werden verschiedene Zubereitungen, die immer Cannbisprodukte enthalten, zusammengefaßt:

Bhang

Bhang ist ein Getränk, das aus Cannabis und Milch und einigen weiteren Zusätzen hergestellt wird. »*Bhang* is the drink, they think [the Hindus], that is highly nourishing for the semen. It is said to be cool in effect, and can be concocted with extremely rich nutrients.« (Jha 1979: 44) Es gibt eine Reihe von Rezepten. Das einfachste nennt Cannabis, schwarzen Pfeffer, Wasser und Milch. Ein Rezept, das besonders bei Diarrhoe verschrieben wird enthält Cannabis, Ghee, Pfeffer, Mohnsamen (Chopra & Chopra 1957, Touw 1981: 26). Ein zeitgenössisches Rezept für *bhang* aus Nepal erinnert bereits an *Majun:* »Dazu werden weibliche Cannabisblüten und Dhaturablätter fein zerhackt, mit Zimt, Kardamom, süßem Masala, Kokosflocken, Nüssen und Honig verknetet und kurz vor dem Genuß in Büffelmilch aufgeschwemmt. Die Wirkung des kräftigen Trunkes kann als sexuelle Ekstase beschrieben werden.« (Müller-Ebeling & Rätsch 1986: 20)

Thandai

»Zirka drei *tolas* dieses Mittels [Cannabis] werden sorgfältig mit kaltem Wasser gewaschen und dann zu Pulver zerrieben, zu je gleichen Teilen mit schwarzem Pfeffer, getrockneten Blütenblättern der Rose, Mohnsamen, Mandeln, Kardamom, Gurken- und Melonensamen gemischt und mit Zucker, zirka ein einhalb Liter Milch und einer entsprechenden Menge Wasser aufgefüllt ... Der Rauschzustand, der durch diesen Trank verursacht wird, äußert sich in Singen und Tanzen, viel Sprechen, Heißhunger auf Speisen und auf erotische Freuden. Dieser Zustand dauert ungefähr sieben Stunden an, dann verfällt der Berauschte in Schlaf. Weder Übelkeit, Magenbeschwerden noch Verdauungsstörungen sind die Folge.« (Thakkur 1977: 316f)

Jatiphaladya churna

»... a remedy for diarrhea, indigestion, loss of appetite, cough and impotence. A mixture of nutmeg, cinnamon, ginger, cumin, cloves, cardamom, pepper, camphor, sandelwood, bamboo manna, sesame, *tejapatra* leaves, *Mesua ferrea* flowers and all three myrobalans (*Terminalia chebula, T. bellerica* and *Phyllanthus emblica* fruits) is combined with an equal quantity of bhang and with twice as much sugar.« (Touw 1981: 26)

Majun

»*Majun* oder Süßigkeit aus Hanf (Cannabis) bestehen neben *ghee* und Wasser aus *bhang, ganja, caras, opium,* Mohnsamen, *dhatura (Datura innoxia)*, Blätter und Samen, Nelken, Harz [Mastix], Anis, Kümmel [Cumin, Kreuzkümmel], Zucker, Butter, Mehl, Milch, Kardamom und *tabasir*. Eine Dosierung von ein einhalb bis einer *drachm* reicht aus, für jemanden, der diese Droge häufig nimmt. Sie schmeckt süß und riecht ausgesprochen angenehm. Bisweilen werden noch Stramonium-Samen hinzugefügt, nie jodoch Nux vomica. Die Wirkung ist erstaunlich: Ekstase, ein Hochgefühl, das Gefühl zu fliegen, gesteigerter Appetit und heftige sexuelle Wünsche.« (Thakkur 1977: 317)

Zu den ältesten überlieferten Rezepten gehören die aus dem *Bavasita*-Buch indischer Heilmethoden aus dem 11. oder 12. Jahrhundert. Unter den »Arzneien zum Zurückhalten der Manneskraft« (d.h. Mittel, die den Orgasmus hinauszögern) sind vier Rezepte, die Variationen eines Themas darstellen:

»Jeweils ½ "Tank" [= 5 g] Kampfer, Opium und Muskatnuß mit jeweils 1 "Pal" [= 20 g] Henbane [Bilsenkraut] und echter Aloe zerstoßen und mit Öl zu Pillen verarbeiten, die die Größe von Kichererbsen haben sollten. Diese Pillen helfen beim Behalten der Manneskraft.«

»Opium, Zucker, Mußkatnuß, Cenabar, das Gummiharz der Odinar nodier, Kampfer und die Schale der Muskatnuß [Macisblüte] zu Pulver zerstampfen und Pillen daraus drehen, jeweils eine davon in ein Stück Zitrone stecken und dieses aussaugen. Diese Arznei steigert das Verlangen des Mannes und hilft beim möglichst langen Verhalten seiner Kraft.«

»Muskatnuß, die Schale der Muskatnuß, Kampfer, Henbane, Caesalpinia bonducella, Safran, Zucker, Opium und Layia [?] in jeweils gleicher Menge zerstoßen. Aus diesem Pulver kichererbsengroße Pillen drehen, welche dem Mann zur Zurückhaltung verhelfen.«

»Kampfer, Safran, Muskatnuß, Henbane, echte Aloe, Paleteri-Wurzel, Stechapfel, Pastinak, Nelken, Layia, Wurzeln des süßduftenden Oleanders (sowohl weiß-, als auch rotblütig), Padellium muracus, Myrobalanen und Gallapfel in jeweils gleicher Menge zerstampfen und zu Pillen drehen. Diese entweder mit Milch und Opium essen, oder in die Öffnung des Geschlechtsorgans einführen. Auf diese Weise wird Capidus (bzw. der Fluß der Lebenssäfte) zurückgehalten.« (Davasita 1985: 42-43)

In der Literatur sind verschiedene, zum Teil volkstümlichere Rezepte für *majun* angegeben:

»Ma'jun ist eine Latwerge [siehe dort], die von den Muselmanen eingenommen wird, vor allem von den Liederlichsten, als Nervenstimulans, Rauschmittel und gegen Schmerzen. Eine Überdosis führt nicht selten zu geistiger Umnachtung. Laut Volksglauben vermittelt es den Rausch (*kaifa*), Mut (*quwwat*) und wird als Aphrodisiakum verwendet. Die Hauptbestandteile dieser Latwerge sind Ganja, Milch, Butter, Mohnsamen, Datura- oder Stechapfelblüten, Pulver von Nux vomica und Zucker.« (Ja'far Sharif 1921, zit. nach Behr 1982: 83)

In einer anderen Majun-Zubereitung (nach demselben Autor) fehlen Mohn und Stechapfel. Dafür wird aber die Gewürzmischung genau bestimmt: Nelke, wilde Gewürznelke, Muskatnuß, Muskatblüte und Safran. Nach Bibra wird *Madgiun* aus

Cannabis, Früchten und Honig, und »einem Zusatze von Nelken, Zimt, Pfeffer, Ambra, Moschus und allerlei ähnlichen Dingen, welche höchst anregend wirken« bereitet (1855: 267).
Majun kann auch von den Herstellern auf besonderen Wunsch individuell verfeinert werden:

»Ameer states that there are seven or eight *majoon* makers in Calcutta - that sometimes, by special order of customers, he introduces stramonium seeds, but never nux-vomica; that all classes of persons, including the lower Portuguese, or 'Kala Feringhees', and especially theri females, consume the drug; that it is most fascinating in its affects, producing extatic happiness, a persuasion of high rank, a sensation of flying - voracious appetite, and intense aphrodisia desire.« (O'Shaughnessy 1971: 8)

Die Grundzusammensetzung von Majun als eher hedonistische Mischung sind folgende (vgl. Müller-Ebeling & Rätsch 1986: 31; Touw 1981: 27):

bhang
Opium
Mohnsamen
Datura metel
Brechnuß *(Strychnos nux-vomica)*
Milch, Ghee, Mehl und Zucker
Gewürze

So ist also die grundsätzliche Zusammensetzung der meisten *majun*-Präparate mit dem Rezept für die Orientalischen Fröhlichkeitspillen identisch.

Latwerge und ähnliches

»Latwerge« ist eine mittelhochdeutsche Umlautung des lateinischen Wortes *electuarium*. Die Latwerge ist eine Arzneiform, die auf einem Gemisch von Pulvern mit Sirup oder Pflanzenmus beruht.
Die Latwergenmacherei war besonders im Orient verbreitet. Die Meadschinschian genannten Latwergenhersteller bildeten eine eigene Zunft:

»Als ihren Patron betrachteten sie den Attar oder Gewürzhändler Obeïd, der mit Hamsa, dem Oheim des Propheten Mohammed, in der Schlacht von Ohod fiel und am Fuße des Berges Ohod begraben liegt. Bei den Aufzügen der Zünfte früherer Zeiten erschienen die Meadschindschian mit Mörsern in den Händen, in denen sie ihre köstlichen Latwergen zubereiteten, wovon sie im Vorübergehen den neugierigen Schönen mutwillig in den Mund strichen.« (Stern 1903, II: 252f.)

Die Latwergen waren meist Geheimrezepte, denn ihnen sollten die Reputationen als Wundermittel, Kraftmedikamente und wirkungsvolle Aphrodisiaka nicht abgehen. Die Latwergen waren mitunter sehr teuer, denn der »Orientale, der manchmal vier und noch mehr Weiber sein eigen nennt, kann kein größeres Leid erfahren, als das, welches ihn auf eine Stufe mit seinen Eunuchen stellt. Er bringt

deshalb jedes Opfer und zahlt selbst drei Pfund für ein Pülverchen, wenn ihm dadurch die Hoffnung winkt, seine Kraft wieder stärken zu können.« (ebd.: 253)
Einige Rezepte der in Harems viel benutzter Latwergen, die *Pastilles de Sérail*, sind - ob vollständig oder rudimentär - überliefert. Eine Latwerge, die gegen Impotanz helfen sollte, bestand aus Cannabisblüten, Honig, Muskatnuß und Safran. Ein weiteres Rezept enthielt Cannabis, Nelken, Moschus, Ambra, Kokusnuß, Honig und Perlen.

Eine marokkanische Latwerge, die *Madschun* genannt wird (vgl. *majun*) hat folgende Zusammensetzung: Haschisch, Kantharidenpulver (aus »Spanischer Fliege«, *Lytta vesicatoria L.* oder *Lytta sericea Walte*), Eicheln, süße Mandeln, Nüsse, Sesam, Honig, Butter und Milch.

Behr gibt ein genaues Rezept für das marokkanische Madschun an:

> »1 Tasse Khif (= Blütenstande des Hanfs; bei Haschisch aufgekrümelt 1/5 der Menge je nach Qualität, eher weniger) wird auf leichtem Feuer schwach angeröstet und zu Puder zerstoßen. Hinzu kommen: ½ Tasse feingehackte Datteln; ½ Tasse Mandeln oder Nüsse, gemahlen; ½ Tasse gehackte, getrocknete Feigen; ¼ Tasse dunkler Honig; ¼ Tasse Wasser und je ½ Teelöffel gemahlener Ingwer, Muskat und Zimt. Manchmal wird noch 1 Teelöffel Anissamen beigemischt. Auf mäßiger Hitze wird alles verköchelt, bis die Früchte weich sind. Anschließend wird 1 Eßlöffel Butter eingerührt, nach dem Erkalten auch noch 5 Eßlöffel Orangenblütenwasser. Majoun wird als Konfekt gereicht.« (Behr 1982: 68)

Die Beigaben zum Cannabis variieren mitunter. Ein anderes Rezept nennt gehackte Datteln, gehackte Rosinen, gemahlene Mandeln und Walnüsse, gehackte Feigen, frischen Ingwer, Zimt, zerdrückte Muskatnuß, Anissamen und Honig (Selden 1979: 169).

Ob diesen Latwergen auch Opium zugesetzt wurde, bleibt noch ungeklärt. Allerdings enthielten die im ausgehenden 18. Jh. in deutschen und österreichischen Kaffeehäusern verkauften *Damacener-Pillen* eine Prise Opium:

> »'Damacener-Pillen' galten als unfehlbares Mittel zur Hebung männlicher Potenz und weiblicher Bereitschaft. Sie enthielten außer getrockneten Früchten, Zucker und 'Smyrna-Pulver' [= Opium] auch noch eine Spur Kantharides. Bis auf die letzte Zutat ähneln die erhaltenen Rezepte so frappant dem Mojoun, daß anzunehmen ist, die Pillendreher kannten das orientalische Rezept und hatten es nur um die 'spanische Fliege' erweitert.« (Behr 1982: 125)

Theriak

Das Wort Theriak ist mit griechisch *theriakos*, lateinisch *theriaca*, altfranzösisch *tiriaque* und mittelhochdeutsch *tyriacke* identisch. Im Persischen ist es mit *taryak*, »Gift« oder »Gegengift« (Synonym für Opium), gleichzusetzen. »*taryak* ist allgemein als schmerzlindernd, beruhigend und schlafördernd bekannt. Außerdem wird es als

Hustenmittel und gegen Darmkrankheiten verwendet. Auch von aphrodisischen Wirkungen wird häufig berichtet« (vgl. Anwari-Alhosseyni 1981: 484). *taryak* ist eine Arzneimischung (gleichbedeutend mit *ma'dschun*) aus Kräutern, Gewürzen, Mohnsaft oder Opium, die oft mit Honig vermischt eingenommen wird. Die opiumessenden Türken hießen auch *theriakis*.

Theriak war ursprünglich ein universales Antidot, das angeblich Andromachus, der Leibarzt Neros, erfunden hat. Andromachus verfaßte ein Gedicht über den Theriak. Das Gedicht ist in Galens Schrift *De Theriaca ad Pisonem* (Kap. 6,7) aufgenommen. Gelegentlich wurde Theriak auch Mithridatica genannt. Unter den toxikologischen und medizinischen Schriften finden sich viele Abhandlungen über die Geheimnisse und verschiedenen Inhaltstoffe, sowie magischen Zubereitungsmethoden (vgl. Steinschneider 1971).

Theriak galt im 15.-16. Jh. als ein Mittel, »welches von wilden Tieren stammte; es wurde ursprünglich gegen den Biss giftiger Schlangen benutzt; der *Medicus circumforaneus*, der fahrende Arzt oder Medizinmann, bot diese Latwerge dem Volke auf den Jahrmärkten feil; sie enthielten neben 1 Prozent Opium 60 verschiedene Bestandteile und wurden meist in griechischen Weinen, Zimmtwasser, Honigwasser oder in heissem Tee gelöst verabreicht« (Höfler, zit. in Starck 1986: 34). Der Theriak hatte also eine an die Orientalischen Fröhlichkeitspillen erinnernde Zusammensetzung.

Das Opium war der Hauptbestandteil und -wirkstoff des europäischen Theriaks gewesen (Pelt 1983a: 133ff):

> »Einer der klügsten Mediziner jener Zeit hat über die Opiummenge nachgedacht, die man hinzugibt - und das ist mehr als ein Gran pro Drachme der übrigen Zutaten, er hat damals die Heilmittel auf der ersten Wärmestufe erhitzt.« (Spilmont 1984: 113)

Ein weiterer Hauptbestandteil des Theriak war *Theriakwurz* oder Engelwurz (*Angelica archangelica*). Der Sage nach soll einem Mönch im Traum der Erzengel Michael die schützende Kraft der Angelika vor Pestilenz verraten haben. Daraufhin wurde sie dem Theriak beigefügt. Unter den vielen - oft geheimen - Zutaten waren auch Bibernelle (auch Deutsche Theriakwurzel genannt; *Pimpinella major*), Baldrian (der im Volksmund mitunter *Theriakwurzel* genannt wurde) und die Gewürzmischung *Hedychroon Magma* zu finden (Henglein 1985: 107). Viele Theriakzubereitungen enthielten Viperngift, Schlangenfleisch, Entenblut, Krötenextrakte und vieles mehr. Der beste Theriak sollte der in Venedig zubereitete sein.

Die Herstellung und der Gebrauch des Theriak war eine zeitaufwendige komplexe Handlung:

> »Gut zwölf Jahre oder mehr sind notwendig, um Theriak in Perfektion herzustellen; [...] also darf man es auch erst nach dieser Zeitspanne benutzen; das Heilmittel läßt sich dreißig Jahre bei voller Wirkung und Kraft aufbewahren, und erst nach vierzig Jahren soll man aufhören, es zu benutzen. [...] Man muß aber immer zwölf bis vierzig Jahre altes

Theriak nehmen; [...] man benutzt es, indem man zwanzig Gran am Morgen vier Stunden vor dem Mittagessen einnimmt, oder abends, vier bis fünf Stunden nach einem umfangreichen Abendessen. Am besten nimmt man es nach der Verdauung, denn dann ist der Magen sauber und von allem gereinigt. Man kann es jeden Tag nehmen [...] Diese Heilmittel sind gut geeignet für die alten Menschen, und sie können sie oft nehmen - wie eine göttliche Hilfe zur Erhaltung der Gesundheit.« (Spilmont 1984: 113-114)

Abb. 1 Theriakzubereitung (Holzschnitt, 16.Jh.)

Noch im 19. Jahrhundert konnte man in den mitteleuropäischen Apotheken Kombinationspräparate unter der Bezeichnung *Theriak* kaufen. Sie waren meist mit Gewürzen und Kräutern versetzte Opiumtinkturen, galten als Tonika und milde

Schlafmittel. Theriak wurde noch in der *Pharmakopoae germanica* als offizinell aufgeführt; hieß *Electuarium Theriaca* und hatte folgende Zusammensetzung:

Fein gepulvertes Opium	10 Teile
Xereswein [oder Malagawein]	60 Teile
Fein gepulverte Angelikawurzel	60 Teile
Fein gepulverte Schlangenwurzel [Serpentaria]	40 Teile
Fein gepulverter Baldrian	20 Teile
Fein gepulverter Ceylonzimt	20 Teile
Fein gepulverte Meerzwiebel	20 Teile
Fein gepulverte Zitwerwurzel	20 Teile
Fein gepulverte Malabar-Kardamomen	10 Teile
Fein gepulverte Myrrhe	10 Teile
Mittelfein gepulvertes Ferrosulfat	10 Teile
Gereinigter Honig	720 Teile
(nach Erg. 6 zu DAB)	

Obwohl es im Apothekenhandel noch ein *Electuarium Theriaca sine opio EB6* gibt (es ist eine braune Masse, die außer Opium die obengenannten Bestandteile enthält), ist das einzige noch heute aktuelle Rudiment des Theriaks das berühmte, aber schon oft - in seiner Echtheit bezweifelte Rezept[1] der sogenannten *Schwedenkräuter* nach Maria Treben. Folgende Bestandteile nennt das Rezept des »berühmten schwedischen Arztes, des Rektors der Medizin, Dr. Samst« (Treben 1980: 60):

10 g Sannesblätter
10 g Manner
10 g Aloe
10 g Kampfer
10 g Theriak venezian
5 g Myrrhe
5 g Eberwurz
2 g Safran
10 g Zittwer
10 g Angelikawurzel

Diese Mischung wird mit 1½ l Schnaps angesetzt und 14 Tage stehen gelassen. Leider gibt die »Alte Handschrift«, der das Rezept entnommen ist, nicht an, was mit *Theriak venezian* gemeint ist. Ob es sich wohl um die berühmte venezianische,

---

1) Most gibt in seiner *Encyklopädie der Volksmedizin* (1843) ein Rezept für ein *Elixier ad vitam longam* von dem schwedischen Arzt Dr. Gernet, »bestehend aus: Zedoar, Gentian, von jedem ein halbes Loth, Safran, ein halbes Quentchen, Rhabarber, Angelika, venetianischen Theriak und Aloe, von jedem zwei Quentchen. Alles wird zerstossen und mit 30 Loth guten Branntwein neun Tage lang digerirt. Eine schriftliche Nachricht über das Mittel lautet so: "Das Geheimnis dieses Elixiers ist seit vielen 100 Jahren in des Dr. G's Familie geblieben. Sein Großvater lebte 103 Jahre, seine Mutter 104 Jahre, Sein Vater 112 Jahre. Sie nahmen alle Tage von diesem Elixier Morgens und Abends acht Tropfen in rothem Wein".« (Most 1973: 168)

opiumhaltige Rezeptur handelte? Immerhin wirbt die Handschrift für die Schwedenkräuter ähnlich, wie es die Theriakverkäufer im Mittelalter taten:

»Wer täglich diese Tropfen früh abends nimmt, braucht keine andere Medizin, denn diese stärken den Körper, erfrischen die Nerven und das Blut, nehmen das Zittern der Hände und Füße. Kurz, sie nehmen überhaupt alle Krankheiten. Der Körper bleibt straff, das Gesicht jugendlich und schön.« (Treben 1980: 67)

Nach Maria Trebens Siegeszug durch die deutschen Haushalte, haben viele Apotheken begonnen, fertige Mischungen für den *Originalschwedenbitter* zum Selbstansetzen zu verkaufen. Diese Mischungen enthalten neben *Theriak sine Opio* (das opiumfreie Electuarium Theriaca) noch Aloe, Rhabarberwurzel, Myrrhe, Zittwerwurzel, Diptamwurzel, Terra sigulata, Enzianwurzel, Angelikawurzel, Eberwurz, Tormentillawurzel, Lärchenschwamm, Muskat (Blüte und Nuß), Sennesblätter, Kalmuswurzel, Kampfer, Safran und Bibergeil.

Ein letztes Rudiment der schwärmerischen Schriftstellerei zum Thema Theriak ist die jüngst publizierte Gedicht- und Schriftensammlung *Theriak* von Uwe Dick (1986).

Frühneuzeitliche Hexensalben

Über die Hexen- und Flug- oder Buhlsalben, die immer wieder in den Akten der mittelalterlichen und frühneuzeitlichen Hexenprozesse auftauchen und als Ursache für das nächtliche Ausfahren zum Hexensabbat genannt werden, ist viel geschrieben worden (Duerr 1978: 13-24, Hansen 1981: 89-105, Müller-Ebeling & Rätsch 1986a: 89-98). Alle Autoren stimmen darin überein, daß die Hexensalben eine pharmakologische Grundlage besitzen, die es einem damit gesalbten Menschen ermöglicht, eine innere Reise in zauberische Welten anzutreten:

»Es kann kein Zweifel unterliegen, daß die narkotische Hexensalbe ihr Opfer nicht nur betäubte, sondern dasselbe den ganzen schönen Traum von der Luftfahrt, vom festlichen Gelage, von Tanz und Liebe so sinnfällig erleben ließ, daß es nach dem Wiedererwachen von der Wirklichkeit des Geträumten überzeugt war. Die Hexensalbe stellte in dieser Weise ein Berauschungs- und Genußmittel des armen Volkes dar, dem kostspieligere Genüsse versagt waren.« (Fühner 1925)

In den Prozeßakten werden die Rezepte der Hexensalben meist nicht genannt oder nur angedeutet. Es hieß, daß sie aus Menschenfett, eingekochten Kinderleichen usw. hergestellt seien. Gelegentlich wurde auch festgehalten, daß die Salben Thebaicum, Smyrnapaste, Drachenblut, Schlaföl und Teufelsdreck enthalten. Diese Namen sind allesamt mittelalterliche Synonyma für Opium (Behr 1980: 55).

Bis in die frühe Neuzeit hinein bleiben die Rezepte für Hexensalben geheim. Doch wurden - besonders im 16. Jahrhundert - von vielen Gelehrten Rezepte aufgezeichnet, die nach deren Meinung eine pharmakologische Basis für die berichteten

Abb. 2 Die Tollkirsche (*Atropa belladonna*) war ein wesentlicher tropanalkaloidhaltiger Bestandteil der Hexensalben (aus Gerard's *Herbal*, 1636).

Erlebnisse des Hexenfluges, des Sabbats, der erotischen Auswüchse und Orgien besaßen. Manche Rezepte sind sehr berühmt geworden, wie das zur Bereitung des Teufelsmus von Stanislav de Guita. Dazu nehme man

3 g Önanthol
50 g Opium
30 g Extrakt aus schwarzer Betelnuß
6 g Fünffingerkraut
15 g Tollkirsche
15 g Bilsenkraut
15 g Großer Schierling
250 g Extrakt aus indischem Hanf [Haschisch]
5 g Extrakt aus Spanischer Fliege

und verrühre alles mit Fett, trage es auf Schläfen, Brust, Anus oder Genitalien auf (nach Kotschenreuther 1978: 86).

Alle genannten Rezepte für Hexensalben oder -öle nennen als Grundbestandteile Opium, Nachtschattengewächse (Bilsenkraut, Mandragora, Tollkirsche, Süßen Nachtschatten, selten Stechapfel), Fette und Öle, Weihrauch und Gewürze (Betel, Safran, Kalmus, Lattich) verschiedene Gifte (Schierling, Sturmhut, Nieswurz) und bestimmte Aphrodisiaka (Eisenkraut, Hauswurz, Petersilie, Sellerie, Brunnenkresse, Pastinak), aber auch unbestimmbare Ingredienzien (vgl. Peuckert 1960).

Die Hexensalben sind in ihrer Grundstruktur ein sehr ähnliches pharmakologisches Kombinationspräparat wie die Orientalischen Fröhlichkeitspillen.

	Hexensalbe	Fröhlichkeitspillen
Opiat	Opium Mohnblüten Klatschmohn Seerose Lattich, Salat	Mohnsaft (= Opium)
THC-Träger	Haschisch Hanfsamen und -blüten Hanfextrakt Weihrauch (Olibanum)	Hanf: Blüten Haschisch [Harz: Olibanum]
Solanaceen	Alraune Bilsenkraut Stechapfel Süßer Nachtschatten Tollkirsche Tollkraut (*Scopolia*)	 *Datura metel*-Samen
Glykoside	Sturmhut Nieswurz	--
Coniin-Träger	Wasserschierling Gefleckter Schierling Großer Schierling Hundspetersilie	--
Aphrodisiaka/ Gewürze	Petersilie	»Gewürze« [Anis, Galgant, Ingwer, Kampfer, Kardamom, Koriander, Kreuzkümmel, Kubeben, Kürbissamen, Mohnsamen, Muskat, Nelke, Pfeffer, Raute, Zimt usw.]
	Sellerie	
	Safran	[Safran]
	Hauswurz	
	Kalmus	[Kalmus, Zitwer]
	Teufelsdreck (Asafoetida)	[Asafoetida]
	Betel[nuß]	[Betelpfeffer]
Fett	Menschenfett Schweinefett Wolfsfett	Ghee (Butterschmalz)

Ob die Rezepte für die Hexensalben tatsächlich Erfindungen der als »Hexen« und »Zauberer« angeklagten Menschen waren, eine alte Tradition in einem heidnischen mitteleuropäischen Fruchtbarkeitskult hatten oder eine Komposition der frühen Apotheker, die viele Rezepturen von den arabischen und antiken Ärzten übernahmen, bleibt unklar.

Von Philtren oder Liebestränken des 16. Jahrhunderts, so wie sie von den Apothekern zusammengebraut wurden, ist bekannt, daß sie sehr viele der »Satanischen Pflanzen und Kräfte« in sich bargen. Sie enthielten - wie die »Hexensalben« - Alraune, Spanische Fliege, Safran und andere Gewürze (Zimt, Majoran, Lavendel, Pfeffer), Myrrhe, Mastix, Wolfsfett, Eisenkraut usw. (Thompson 1897: 100; Wedeck 1963).

Im 18. und 19. Jahrhundert kamen viele hexensalbenähnliche Rezepte in Frankreich auf, die besonders für sexualmagische Zwecke bestimmt waren. Im *l'Art de se rendre heureux par les songes* gibt es ein Rezept zur Erzeugung erotischer Träume:

> »Take two ounces of the roots of convolvus scammonia [Asiatisches Skammonium] and dessicated roman camomile [*Anthemis nobilis L.*]; 3 ounces of codfish bones and tortoise; mix this with 5 ounces of fat from a male beaver [Bibergeil?] and with 2 ounces of blue convolvus scammonia [*Ipomoea orizabensis* oder *I. rubro coerulea praecox*]. Cook together with 1 ounce of honey and 6 drachms of dew taken from an opium poppy. Place in a hermetically closed flask. Let it bake in the hot summer sun for two months and let it cool in the cellar in the sand throughout the winter. The result will more than pay for the trouble undergone. An application of this salve at night will invariably produce the image of the beloved in dreams, and his actions will be so realistic that the lovepartner will actually believe that they are taking place; only awakening will bring desillusion.« (zit. nach Laurent & Nagour 1934: 199)

Viele französische Sexualmagier erfinden immer wieder hexensalbenähnliche Rezepturen. P.B. Randolf gibt ein Rezept für *Le sable excitant* an (1981: 176f):

Auf 100 g tierisches Fett (gewonnen aus gepöckeltem Fleisch):

40 g Haschisch
260 g Hanf
50 g Bilsenkraut
80 g Stechapfel
20 g Tollkirsche
50 g Knoblauch
30 g grannenlose Weizensamen
60 g Kalmus
250 g Mohnblüten
100 g Haferflocken

Mit einer derartigen Paste soll man sich den Bereich um den Solarplexus, die Kehle, die Achselhöhlen und Kniebeugen, die Hand- und Fußflächen einreiben. Jean-Pierre Spilmont gibt ein ähnliches Rezept für eine »höllische Salbe, um am Sabbat teilzunehmen«, an (1984: 140). Dazu soll man 100 g menschliches Fett (durch Schmalz ersetzbar), 5 g Haschisch von guter Qualität, je eine Handvoll Hanfblüten und Mohnblüten, einige zerstoßene Sonnenblumenkerne und eine

Fingerspitze Nieswurzpulver in ein hermetisch verschlossenes Gefäß geben und zwei Stunden im Wasserbad erhitzen. Trägt man die Salbe am Abend vor dem Schlafengehen hinter den Ohren, am Hals, entlang den Schlagadern, unter den Achseln und links im Bereich des großen Sympathikus, in den Kniekehlen, Fußsohlen und Handgelenken auf, kann man über Nacht an einer Hexenorgie teilnehmen.

Seit dem 19. Jahrhundert haben immer wieder verschiedene Gelehrte Selbstexperimente mit Hexensalben gemacht. Karl Kiesewetter ist dabei ums Leben gekommen (Hansen 1981: 99). Mrsisch hat eine phantastische Liebesekstase auf einer Orgie von Astralkörpern erlebt (Müller-Ebeling & Rätsch 1986a: 97f).

Leuner (1981: 66) hat überhaupt nichts gemerkt, aber der Volkskundler Will-Erich Peuckert hat mit dem Rezept von Giambattista Porta einen Hexensabbat nachvollzogen:

> »Wir hatten wilde Träume. Vor meinen Augen tanzten zunächst grauenhaft verzerrte Gesichter. Dann plötzlich hatte ich das Gefühl, als flöge ich meilenweit durch die Luft. Der Flug wurde wiederholt durch tiefe Stürze unterbrochen. In der Schlußphase schließlich das Bild eines orgiastischen Festes mit grotesken sinnlichen Ausschweifungen.«

Auch Siegbert Ferkel erlebte einen Hexenflug, nachdem er sich eine Hexensalbe auf die Brust geschmiert hatte:

> »Aus dem Dunkel schwebten mir Gesichter zu, erst verschwommen, um dann Gestalt anzunehmen ... Ich schwebte mit großer Geschwindigkeit aufwärts. Es wurde hell und durch einen rosa Schleier erkannte ich verschwommen, daß ich über der Stadt schwebte. Die Gestalten, die mich schon im Zimmer bedrückt hatten, begleiteten mich auf diesem Flug durch die Wolken. Immer mehr kamen hinzu und fingen an, um mich herum Reigen zu tanzen. Die Zeit kroch im Schneckentempo dahin und jede Minute währte eine Ewigkeit. Am nächsten Morgen, als das erste Licht in mein Zimmer kam, meinte ich zu einem neuen Leben zu erwachen.« (zit. nach Marzell 1964: 48)

Die Erfahrungen mit Hexensalben erinnern allesamt an die ayurvedische Beschreibung der aphrodisischen Wirkung des Majun:

> »Ekstase, ein Hochgefühl, das Gefühl zu fliegen, gesteigerter Appetit und heftige sexuelle Wünsche.«

Die Wirkungen der Hexensalben sind vermutlich wegen der Synergismen der Bestandteile zu erklären:

> »Psychopharmakologisch ist die Hexensalbe deshalb vielleicht interressant, weil wir hier offenbar die einzige toxische Ekstasetechnik auf der Welt vor uns haben, in der spezifische Komponenten des Erlebens durch die Art der Zusammensetzung der Psychopharmaka erreicht werden. Dieses Prinzip gezielter Wirkung durch die Kombination von Wirkstoffen ist bisher wissenschaftlich nicht untersucht worden.« (Leuner 1981: 67)

Abb. 3 Die in Tiere verwandelten, gesalbten Hexen fliegen auf der Forke zu den nächtlichen Orgien (Holzschnitt, 15. Jh.).

Moderne Hustenmittel

Es gibt einige moderne pharmazeutische Präparate, die bei starken Hustensymptomen verschrieben werden, in ihrer Wirkstoffkombination jedoch an die Rezepte frühneuzeitlicher Hexensalben, verschiedene Theriakzubereitungen und altorientalische Mischungen erinnern.
Das französische Hustenmittel Pectophon® (Sedipharm, Laboratoires Boehringer Ingelheim) ist eine den Hexensalben ähnliche pharmakologische Komposition:

Codein	5 mg
Äthylmorphin-Chlorhydrat	5 mg
Belladonna-Extrakt	2 mg
Aconitwurzel-Extrakt	0,8 mg
Chininbenzoat	70 mg
Terpin	50 mg

Man soll 4-6 Tabl. tägl. nehmen.

Die Tussipect® Tropfen mit Codein (Beiersdorf AG Hamburg) sind ein verschreibungspflichtiges Mittel »gegen Husten, insbesondere schmerzhafter, hartnäckiger Reiz- und Krampfhusten; Raucherhusten«. Sie sind eine Wirstoffkombination aus Opiaten, Amphetaminen und ätherischen Ölen:

100 g enthalten (34,4 Vol.-% Alkohol)

Codeinphosphat ½ H_2O	0,75 g
Saponin	0,4 g
Ephedrinhydrochlorid	1 g
Thymianfluidextrakt	5 g
Pfefferminzöl	0,06 g
Menthol	0,7 g
Anethol	0,24 g
Eucalyptusöl	0,24 g
Campher	0,4 g

Höhere Dosierungen wirken berauschend, durchaus opiumähnlich, aber auch aufputschend. In Kombination mit Cannabis entstehen visionäre, innere Bilder. In der Drogenszene werden derartige Hustensäfte gerne als Rauschmittel gebraucht. Sie werden dann meist mit Cannabis und/oder Alkohol kombiniert. Lester Bangs hat ein Tangerin Dream Konzert besucht, zwei Flaschen Hustensaft getrunken und einen Marijuana-Joint geraucht:

»Kurz bevor ich ging, drehte ich mich noch einmal um ... bei Gott, ich hatte meine erste wirkliche Halluzination seit dem Romilar-Hustensaft[2] heute abend: Ich sah ein ganzes Publikum von Hausfrauen mit Einkaufstaschen.« (Bangs 1978: 158)

Es scheint so, als ob manche moderne Hustenmittel die letzten Reste einer langen pharmazeutischen Tradition, die im Orient wurzelt, sind.

---

2) Romilar enthält hauptsächlich das Codeinanalog Dextromethorphan, das gleiche Wirkung wie Codein hat. In Deutschland wurden die Romilar-Dragees als Rauschmittel populär: »Es stellte sich heraus, daß bei hohen Dosen (40-60 Pillen) ausgesprochen halluzinogene Effekte auftraten ... Einer der Autoren (J. v. Sch.) hat während seines Studiums einmal 30 Dragees geschluckt. Er erlebte dabei starke Sinnestäuschungen im optischen und akustischen Bereich. Während eines Kinobesuchs unter Romilar-Einfluß identifizierte er sich zeitweise völlig mit den Vorgängen auf der Leinwand. So wurden grasfressende Schildkröten gezeigt, und er hatte das verblüffende Gefühl, *selbst* - und zwar als Schildkröte - Gras zu fresse.« (Schmidbauer & von Scheidt 1976: 117f)

Die Ingredienzien

Im folgenden sollen die Bestandteile der »Orientalischen Fröhlichkeitspillen« genauer untersucht und vorgestellt werden.

Datura metel L., die Blume der Liebesgötter

> »Die psychoaktive Wirkung ist bei allen Datura-Arten so stark, daß man sich nicht zu fragen braucht, weshalb sie auf der ganzen Welt von Naturvölkern als Pflanzen der Götter betrachtet worden sind.«
>
> Richard Schultes und Albert Hofmann (1980: 111)

Datura metel (Linnaeus 1753) ist die asiatische Art des Stechapfels. Sie kommt in allen wärmeren und tropischen Zonen Süd- und Vorderasiens vor.

Es gibt verschiedene Typen dieser krautartigen Pflanze. Sie unterscheiden sich durch die Färbungen der Blüten. Die weißlichblühende *Datura metel* wurde mitunter auch *Datura alba* genannt. Die gelb oder purpur blühende Varietät wurde auch als *Datura fastuosa* geführt. Der häufigste Typ ist weißlichblühend, wobei die Blütenränder leicht violett eingefärbt sind. Die Früchte, kastanienähnliche, stachelbesetzte Äpfel (auch *nux metel* oder Metelnuß genannt) sind bei allen drei Typen gleich. Im Gegensatz zu der osteuropäischen *Datura stramonium* und der amerikanischen *Datura innoxia* stehen die Früchte schräg nach oben (vgl. Safford 1922: 546-549; Satina & Avery 1959: 32-35; Schultes & Hofmann 1980: 42, 107).

Die früheste Erwähnung von *Datura metel* stammt von dem arabischen Arzt Avicenna (Abu Ali Ibn Sina, st. 1037). Er gibt an, daß die Araber die Pflanze medizinisch nutzen, daß sie in geringen Dosen berauschend, in hohen Dosen dagegen tödlich wirkt. Sie hieß *jous-mathel, datora* oder *tatorah* (Avery 1959: 3). Der Stechapfel wurde von den Arabern zu den *mokederrat*, den Narkotika, gerechnet (Ainsle 1979: 446).

In Indien gehört *Datura metel* sicherlich zu den ältesten Heilmitteln. Sie ist unter den Sanskritnamen *dhustura* oder *unmata*, »göttlicher Rausch«, und den ostindischen Namen *dhatura, dutra, unmata* oder *unmeta* bekannt. Die frühesten Berichte über Gebrauch und Wirkung stammen von den Europäern, die nach Indien kamen, um die einheimische Flora und deren Nutzen zu studieren. Garcia da Orta beschrieb die Wirkung von Datura in Wein im 20. Kolloquium:

> »Those who take this medicine lose their heads. They always laugh and are very liberal, for they let people take such of their jewels as they choose, and only laugh or speak very little, and that not to the purpose. So that a robber has only to give this medicine in the food and the effect lasts twenty-four hours.« (1913: 175)

Christoval Acosta hat in seinem *Tractado de las Drogas y Medicinas de las Indias*

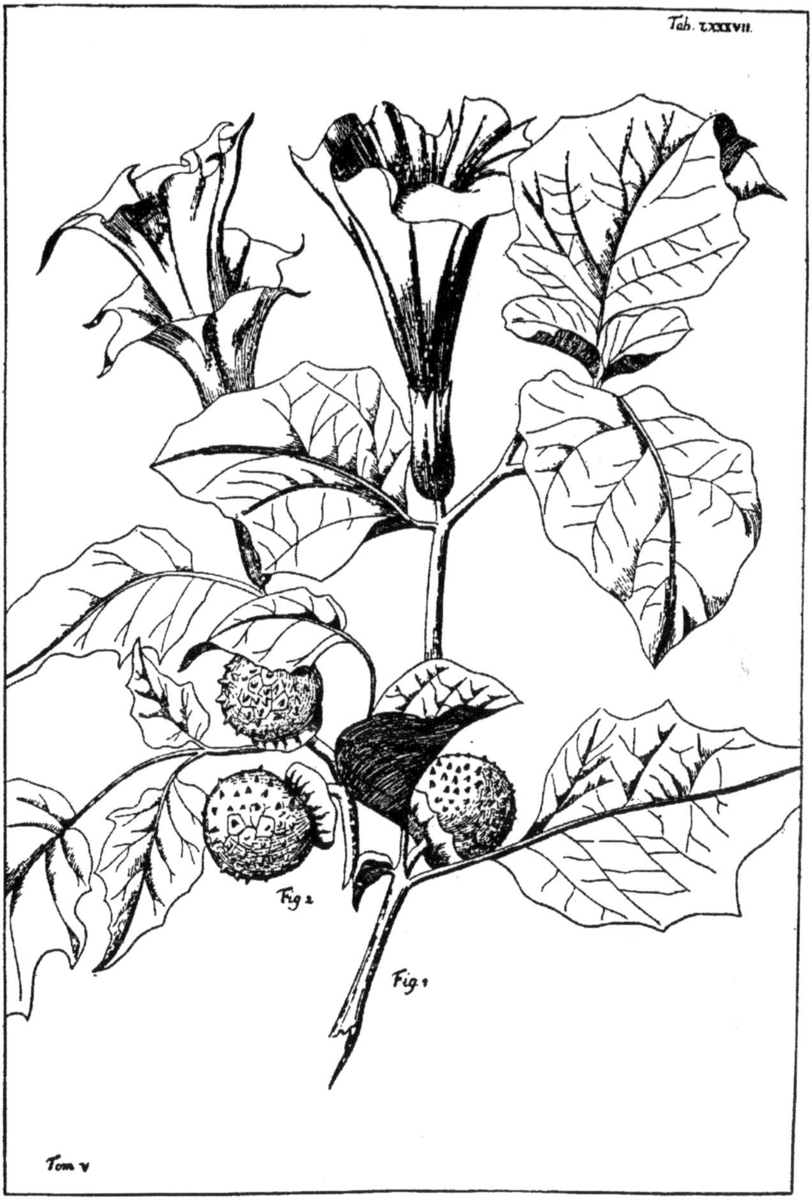

Abb. 4 *Datura metel L.* (Illustration von Rumphius, 17. Jh.)

Orientales (1578) einen ähnlichen Gebrauch, aber auch die aphrodisischen Wirkungen der Datura beschrieben:

»... he who partakes of it is deprived of his reason, for a long time laughing or weeping or sleeping, with various effects, and oftentimes talking and replying; so that at times he appears to be in his right mind, but really being out of it and not knowing the person to whom he is speaking nor remembering what has happened after his alienation has passed. Many mundane ladies are such mistreses and adepts in the use of this seed that they give it in doses corresponding to as many hours as they wish their poor victim to be unconscious or transported. And truly, if I were to tell stories of what I have heard or seen relating to this matter and the different ways I have seen people act when under the influence of the drug I would fill many sheets of paper, but as this is not necessary I will refrain. I will only say that I have never seen anyone die from its effects, but I have seen some who have gone about for several days perturbed, and this must have been because it had been given to them in too large doses, which, if too great, will cause death, because this seed contains venomous parts, although the Gentiles administer it as a diuretic with pepper and betel leaves and say it is efficacious, but this I have not seen nor tried, having other medicines more safe for the purpose.« (Safford 1922: 540)

Der Gebrauch von Daturasamen der Thugs für ihre verbrecherischen Absichten ist über ganz Asien verbreitet (Avery 1959:4; Gimlette 1971: 204-221; Penzer 1924: 160; Sangar 1981: 207). In Ostindien haben Frauen bestimmte Käfer eine Weile mit Daturablättern gefüttert. Die Käferexkremente haben sie gesammelt und ihren untreuen Gatten unters Essen gemischt (Mehra 1979: 167).

In Indien ist die Datura heilig und dem Gott Shiva geweiht. Nach dem *Vamana Purana* ist die Daturapflanze aus der Brust des Shiva gewachsen. Nach einer Anleitung im *Garuda Purana* sollen am 13. Tag des zunehmenden Mondes im Januar dem Gott Yogashwara (= Shiva) Daturablüten geopfert werden (Mehra 1979: 163f). Yogis und Sadhus rauchen Shiva zu Ehren die Blätter, Blüten oder Samen mit Cannabis vermischt:

»Beide Pflanzen sind dem Shiva heilig ... Die Rauchmischung aus *ganja* und Dhatura erfüllt die kosmologischen Prinzipien des Gottes, nämlich seine Androgynie. *Ganja* ist der weibliche Aspekt und Dhatura der männliche; beides vereint ist die in Shiva, dem Androgyn, vollkommene Ureinheit und kosmische Schöpferkraft ... Die Rauchmischung, die mit zwei Hölzchen, die den weiblichen und männlichen Aspekt darstellen, entzündet werden muß, und die durch den Feuergottaspekt Shivas transformiert wird, weckt die aphrodisische Schöpferkraft und aktiviert die im Becken ruhende aufgerollte Kundalinischlange. Ist die Kundalini entfesselt, schlängelt sie sich durch die sieben Chakren, die nichtstofflichen Energiezentren, entlang der Wirbelsäule und bringt sie wie Lotusblüten zum Erblühen. Das universelle Bewußtsein von der Einheit des Kosmos durchflutet das Sein. So wurde die Pflanze des Gottes zum heiligen Aphrodisiakum des Menschen.« (Müller-Ebeling & Rätsch 1986a: 18, 20f)

Der Gebrauch von Datura als Rauschmittel ist in Indien weit verbreitet. Die Samen werden dabei bevorzugt mit Alkoholika kombiniert:

»In Indien sind die Samen ein Bestandteil der *Bakha*, die man Mischungen zusetzt, die zu Alkohol vergären sollen und setzt sie weiter dem *Kaita* zu, einem giftigen (?) Getränk

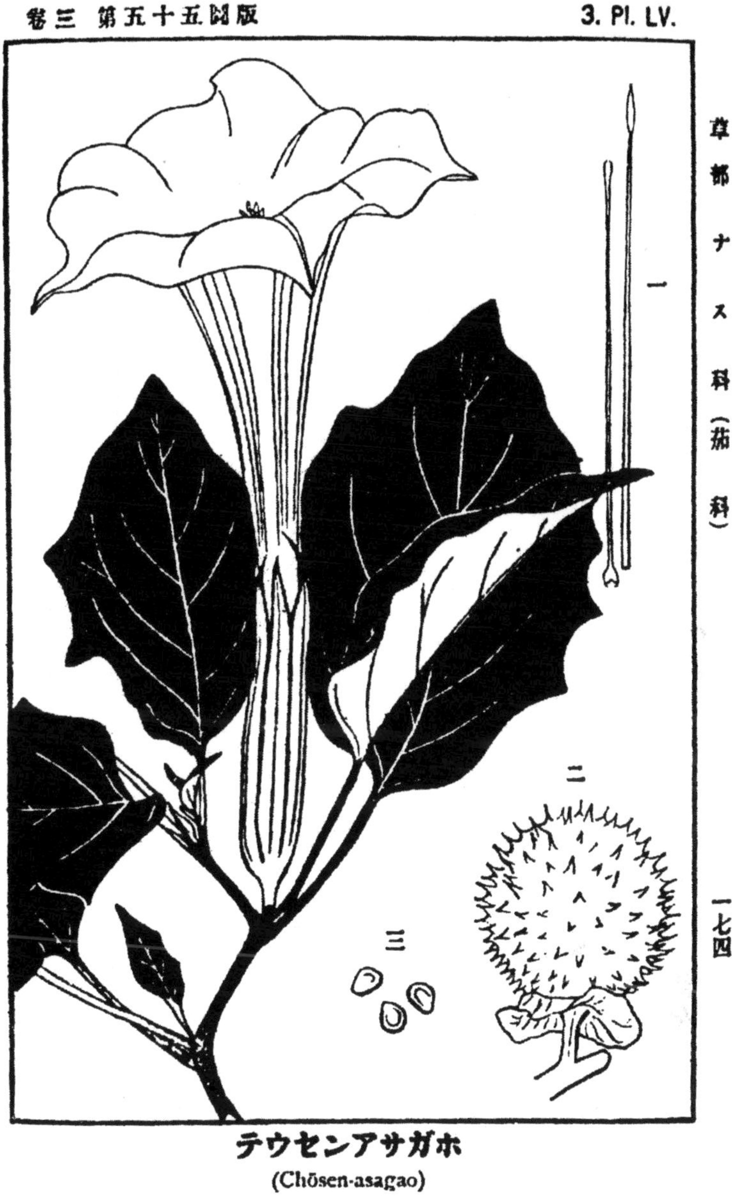

Abb. 5 *Chosen-asago,* »Koreanische Morning-Glory« (*Datura metel*) in einer frühen japanischen Darstellung (nach Safford 1922)

aus der Frucht von *Feronia elephantum* Correa, das eine Rolle bei den *Holifesten* spielt. In diesen Fällen wird die übrige Wirkung offenbar durch die Datura verstärkt.« (Hartwich 1911: 522)

Der Gebrauch von Daturasamen als Aphrodisiakum in der indischen Volksmedizin ist seit frühester Zeit belegt (Safford 1922: 546; Sharma 1977: 338). Bereits in dem Ananga-Ranga werden Daturasamen in Kombination mit Pfeffer (*Piper nigrum, P. longum, P. betle*), *Morinda citrifolia* und Honig als unübertreffliches Mittel gepriesen (1985: 56). Seit Sarngdhara ist Datura auch in der medizinischen Literatur des Ayurveda vertreten. Datura wird besonders den *vajikarana* (= Aphrodisiaka) zugeordnet (Sharma 1981: 6). In der indischen Medizin werden Daturazubereitungen bei vielen Krankheiten verordnet: Kopfschmerzen, Mumps, schlechtheilende Wunden, Schmerzen, nervöse Leiden, Wahnsinn, Rheumatismus, Muskelverspannungen, Epilepsie, Krämpfen, Konvulsionen, Syphilis und anderen Geschlechtskrankheiten, Asthma, Bronchitis,Windpocken, Furunkeln und Opiumvergiftung (Jain & Tarafder 1970: 251).

In China wird *Datura alba* bei verschiedenen Krankheiten medizinisch verwendet; u.a. als Narkotikum:

»If equal quantities of this [*Man-t'o-lo*] and of *Cannabis sativa* are gathered in the seventh and eights moons, dried in the shade, pulverized, and disgested in wine, the preparation, when ingested, will produce a narcotic anaesthesia that will enable small operations and cauterizations to be done without pain.« (Li shih-chen et al. 1973: 146)

Der Gebrauch von Datura-Präparaten als Aphrodisiaka ist weltweit belegt (Kennedy & Rätsch 1985) und läßt vermuten, daß aus diesem Grund die Daturasamen in dem Rezept für die Orientalischen Fröhlichkeitspillen enthalten sind.

Die Wirkung der Daturasamen hängt sehr von dem Alkaloidgehalt ab, aber besonders von der Dosis:

»Ißt man beispielsweise bis zu 10 frische Daturasamen, wird die Wahrnehmung der sichtbaren Außenwelt deutlicher, die Farben prächtiger und von mildem Licht durchstrahlt. Im Körper breitet sich ein Wohlgefühl aus; die Haut fühlt sich angenehm an; das verstärkte lustvolle Gefühl zum eignen Körper wird von erotisch stimulierenden Vorstellungen begleitet.

Zielt man hingegen auf kurzfristig wirksame und drastisch wahrnehmbare Erotisierung ab, ohne sein Bewußtsein für subtile Veränderungen öffnen zu wollen, und schluckt aus diesem Grund etwa 30 Daturasamen, so verkehrt sich das Angenehme in Angstgefühle und Horrorvisionen. Plötzlich erscheint die Umgebung von häßlichen Fratzen verzerrt, Fledermäuse, Kröten, Spinnen, Käfer, Eulen und Schlangen rücken dem Menschen bedrohlich zu Leibe. Die Wonneschauer pervertieren zu Krämpfen, die bis zur Lähmung des Atemzentrums führen.« (Müller-Ebeling & Rätsch 1986a: 220)

Eine giftige Dosis liegt bei den malayischen Thugs bei 50 Samen (Gimlette 1971: 214).

Theophrast sagt zu den Dosierungen der »rasendmachenden Strychnos-Samen«:

»Man gibt davon, wenn jemand bloß Possen treiben und sich selbst als der schönste dünken will, eine Drachme (etwa 3,4 g), zwei Drachmen aber, wenn er toll werden und Erscheinungen haben soll; andauernde Tollheit soll durch drei Drachmen hervorgebracht werden. Um den Tod herbeizuführen, sind vier Drachmen notwendig.« (zit. nach Marzell 1922: 171)

Genaue Dosierungen gibt auch Dioskuries für *Datura stramonium* (die Wirkungen der verschiedenen *Datura spp.* sind gleich) an:

»in niedriger Dosierung (½ Drachme, ca. 1,86 g der Wurzel in Wein gelöst) angenehme Sinneseindrücke, in höherer Dosierung (2 Drachmen) Rauschzustände bis zu 3 Tagen, 4 Drachmen schließlich führen zu einem tödlich endenden Rausch.« (Dieckhöfer et al. 1971: 431).

Für berauschende und erotisierende Tees oder Kaffeezubereitungen werden in Marokko sechs Blüten aufgekocht (Mrabet 1984: 51, 79). In Indien werden genaue Dosierungen von Tinkturen aus Daturasamen angegeben:

»The Pharmacopaeia of India contains a tincture made from 75 grams of the ground seeds and 500 grams of alcohol. Dr. Waring states that 20 drops of this tincture are equivalent to 6 centigrams of opium and that in some cases it has given him better narcotic results than the opium. The extract is made from 500 grams of the powdered seeds, 500 cc. ether, 500 cc. alcohol and 500 cc. water. Doses, 5-20 centigrams a day in 4 doses.« (Pardo de Tavera 1901: 179)

Die Inhalts- und Wirkstoffe der *Datura metel* sind mit denen anderer Daturaarten (*stramonium, inoxia, discolor, ceratocaula* usw.) gleich oder ähnlich (vgl. Leete 1959). Die Samen haben den jeweils höchsten Alkaloidgehalt. Die Hauptwirkstoffe sind die Tropanalkaloide: Hyoscin (= l-Skopolamin; in *Datura metel* das Hauptalkaloid), l-Hyoscyamin, Atropin (= l/d-Hyoscyamin). Die Droge enthält außerdem noch in geringen Mengen Nikotin, Flavonoglykoside und das Cumarin Scopoletin (Wagner 1985: 171). Zur Pharmakologie schreiben Dieckhöfer et al.:

»Die *pharmakologische Wirkung* zerfällt in 2 Komponenten: eine zentral-erregende sowie eine peripher-lähmende. Die *zentral-erregende Wirkung* betrifft vor allem das Telencephalon, Diencephalon und die Medulla oblongata. Geringe Atropingaben können beim Menschen zunächst beruhigend wirken. Mit steigenden Dosen treten Anregung, Munterkeit, Ideenflüchtigkeit, Rede- und Bewegungsdrang (u.a. choreiforme Bewegungsunruhe, sog. 'Tanzlust'), Heiterkeit, zwanghaftes Lachen, schließlich Verwirrtheitszustände und delirante Bilder auf. Als vegetative Zeichen der zentralen Erregung werden außerdem Vertiefung und Beschleunigung der Atmung, Anstieg der Körpertemperatur und intensive Rötung der Haut beobachtet. Extrem hohe Dosen steigern die Bewegungsunruhe zu Raserei und Tobsucht, die in Krampfanfälle übergehen können. Dieses Stadium leitet dann über in eine zentrale narkoseähnliche Lähmung: es kommt zur Beruhigung, Erschlaffung des Muskeltonus, rascher Bewußtseinstrübung bis zum Koma und unter Absinken der Körpertemperatur infolge Lähmung der zentralen Atem- und Kreislaufregulationen schließlich zum Exitus letalis.

Die *peripher-lähmende Wirkung* tritt bereits bei Hyoscyamin- bzw. Atropindosen auf, die zentral noch keine oder nur geringe erregende Wirkung zeigen. Sie beruht auf der Hemmung der Wirkung des am parasympathischen Nervenende freigesetzten oder applizierten Acetylcholins auf das Erfolgsorgan ... l-Scopolamin wirkt qualitativ genau so wie Atropin auf die vegetativen Organe.« (1971: 432)

Die Wirkung der Gesamtalkaloide ist also zugleich erregend und dämpfend. Da aber das Hauptalkaloid in der *Datura metel* Skopolamin ist, ist die pharmakologische Wirkung überwiegend eine Blockierung des Neurotransmitters Acetylcholin (Johnson 1977). Geringe Dosen Skopolamin (unter 1 mg) haben eine entspannende, muskelrelaxierende und hautsensibilisierende Wirkung.

Abb. 6 Darstellung der Metelnuß (*Datura metel L.*) von Leonhard Fuchs (Holzschnitt von 1545).

Datura wird als Medizin oder Aphrodisiakum immer mit anderen Substanzen kombiniert, besonders mit Cannabis, Opium und Alkohol, aber auch mit Spanischer Fliege, Quecksilber und Gewürzen. Dabei wird die pharmakologische Wirkung der Datura sicherlich synergistisch verändert. Leider liegen hierzu keine Untersuchungen vor. In traditionellen Medizinsystemen gelten verschiedene Pflanzen als Antidote bei Daturavergiftungen: Kokospalmenwurzeln werden mit Gänseknochen zermahlen und eingenommen (Perry & Metzger 1980: 304); Tamarindenbrei wird verabreicht oder Süßholz geschluckt (ebd.: 392).

Bei Mandragora-Vergiftungen, die wegen des ähnlichen Alkaloidgehaltes ähnliche Symptome aufweisen wie Daturavergiftungen, gibt es viele historische Antidote: Honig, Radischen, Butter (Ghee), Haferflocken, Raute, süßer Wein, Bibergeil (in altem Wein gelöst), Borax, Bachminzenblätter (*Mentha aquatica*), Wermut (in altem Wein gezogen) und Asafoetida (Tichy 1979: 114).
In vielen Vergleichsrezepten zu den Orientalischen Fröhlichkeitspillen sind andere Nachtschattengewächse wie Alraune (*Mandragora officinarum*), Tollkirsche (*Atropa belladonna*) und Bilsenkraut (*Hyoscyamus niger*) angegeben. Sie alle haben lange Geschichten als Aphrodisiaka und Liebesmittel und haben ähnliche Wirkungen wie die Stechapfelarten (vgl. Höhle et al. 1986: 118-129, Starck 1986).

Opium, die »Pflanze der Freude«

> »Das Opium hatte mir seine Pflanzenseele, seine Pflanzenseele mit kaum wahrnehmbar trägen Bewegungen eingehaucht, und ich lebte und bewegte mich inmitten der Welt der Pflanzen; ich war selber eine Pflanze geworden.«
>
> S. Hedayat (in Gelpke 1982: 46)

> »Das Opium ist die einzige pflanzliche Substanz, die uns den pflanzlichen Zustand vermittelt. Durch das Opium erlangen wir eine Vorstellung von jener anderen, der pflanzlichen Schnelligkeit.«
>
> Jean Cocteau, *Opium* (1968: 74)

Opium ist der eingedickte Saft der angeritzten Fruchtkapseln des Schlafmohns (*Papaver somniferum*). Der Schlafmohn ist eine geographisch sehr weit verbreitete Kulturpflanze, deren ursprüngliche Heimat nicht mehr zu bestimmen ist - nicht zu letzt, weil sie so universell als Heilmittel und Nahrungslieferant genutzt wird (Hartmann 1985). Bei Ausgrabungen von Pfahlbauten in der Schweiz wurden Mohnkapseln gefunden, die weit über viertausend Jahre alt sind (Wagner 1985: 162).

Opium wurde bereits um 2500 v. Chr. als Heilmittel benutzt. In der assyrischen Heilkunde war es als »Pflanze der Freude« bekannt (Schultes 1978: 138). Im alten Ägypten wurde Opium genauso benutzt wie in Griechenland (Thorwald 1985: 61)

Vermutlich wurde das Wissen um die Herstellung und die Eigenschaften des Opiums von den Arabern nach Indien und China gebracht (Sangar 1981).

Opium kann entweder gegessen oder geraucht werden. Soll es gegessen werden, braucht lediglich der eingedickte Mohnsaft unter Zugabe von Fett und anderen Stoffen (Harze, Pflanzenextrakte) eingenommen werden. Soll Opium geraucht werden, muß es mit komplizierten Verarbeitungsprozessen in Rauchopium oder *chandu* verwandelt werden. Da das Rauchopium in den hier behandelten Rezepturen nicht weiter auftaucht, soll es an dieser Stelle auch nicht weiter besprochen werden. Der interessierte Leser möge die diesbezügliche Fachliteratur konsultieren (z.B. Behr 1980, Bibra 1855, Geddes 1976, Hartmann 1915, Hartwich 1910 usw.).

Zur Phänomenologie des Opiumrausches schrieb Rudolf Gelpke:

> »Die Sinne des Opiumrauchers oder -essers ziehen gleichsam die Fühler ein. Sie werden keineswegs abgestumpft; das kann nur einer glauben, der selbst niemals Opium geraucht hat. Aber das Bewußtsein, das vorher die Sinne wie Fangarme oder Angeln der Außenwelt zugewandt hielt, wendet sich ab und schließt die Fenster. [...]
> Das Opium macht klar, nicht dumpf. Es hüllt uns nie in jenen Nebel ein, in dem im Alkoholrausch die materiellen und seelischen Realitäten verschwimmen und ihre Konturen verlieren.
> [...]
> Opium hingegen löst die Seele aus ihrer Verflechtung mit den Dingen des Alltags und der Außenwelt ...
> Opium macht still und sanft. Es inspiriert und beflügelt die Phantasie, auch die erotische, steigert die Sensibilitat und das Zärtlichkeitsempfinden, während gleichzeitig Bewegungsdrang und Betätigungstrieb, Mitteilungsbedürfnis, Ehrgeiz, sexuelle Potenz, Affekte und Aggressivität ganz allgemein, verringert werden.« (Gelpke 1982: 43-44)

Das Wirkungsprofil des Opiums ist durchaus unterschiedlich, je nachdem, ob es geraucht oder eingenommen wird:

> »Niemals Opiumraucher und Opiumesser verwechseln. Ganz andere Vorgänge.« (Cocteau 1968: 70)

Wird Opium innerlich, in Form einer Tinktur, eingenommen, hat es eine recht konstante Wirkung, die von Bibra treffend geschildert wurde:

> »Als ich mich im Bette ausstrecken konnte, verschwand sogleich das Gefühl der Müdigkeit und eine unendlich angenehme Empfindung überkam mich ... Ich verlor keineswegs die Besinnung ... ich möchte es einen ruhigen, stillen Frieden nennen, eine wirkliche Glückseligkeit, einen Optimismus, welchen ich allen meinen lieben menschlichen Mitbrüdern und Schwestern wünsche ... Nach einigen Stunden fühlte ich die Abnahme dieser Aufregungen, ich löschte vollkommen besonnen meine Lampe und schlief bald ruhig ein ... Des andern Morgens fühlte ich keinerlei Abgespanntheit oder Schwäche, indessen trat Verstopfung ein ...« (Bibra 1855: 219)

Opium wird praktisch nirgends pur gegessen. Es wird immer mit anderen Substanzen vermischt. Zum einen, um die Wirkung zu verbessern, und zum anderen, um die Nebenwirkung (Verstopfung) zu verhindern.

Häufig ist der Gebrauch einer Opiumtinktur (Laudanum; 10%ige Lösung von gereinigtem Rohopium in 70-90%igem Alkohol); die Wirkung beschreibt Ernst Jünger:

> »Ich tropfte mir noch einmal Laudanum in das Glas. Die Nacht war ein Mantel, der Wärme und Sicherheit gab, ich zog ihn enger an den Leib. Die Zeit wurde Raum, ganz dicht wie eine schmale Kammer, die nicht mehr im Innern der Pyramide, sondern tief unter ihr lag. Da war kein Geschehen mehr, nur friedliche Stille, unangreifbare Einsamkeit.« (1980: 203)

Der berühmte *Wein der Kleopatra* war eine Mischung aus Wein, 30% Opium und Stechapfel(samen). Opium wurde auch stärkenden Speisen zugesetzt:

> »Reisende in türkischen Ländern führen kleine Opiumkuchen mit sich, welche die Inschrift "Masch Allah" haben, welches Gabe Gottes bedeutet, und kleine Dosen lassen Hunger und Durst ertragen und kräftigen auch zu erneuter Anstrengung. Auch die tartarischen Kuriere, welche mit bekannter Schnelligkeit die fabelhaftesten Berichte überbringen, und die indischen Boten durchreisen weite Landstrecken, bloß versehen mit etwas Reis und Opium.« (Bibra 1855: 213)

Die »Radschputen nahmen Opium nicht ohne Zusatz. Der gängiste war Olibanum, ein weihrauchartiges Harz aus Arabien, das auch aphrodisierende Eigenschaften haben soll. Dazu kam manchmal auch Kreuzkümmel, wohl der Verdauung wegen. Daraus und aus püriertem Trockenobst wurden Pillen geknetet.« (Behr 1980: 74)

In der indischen Heilkunde hat Opium seit alters her einen festen Platz (Dwarakanath 1965). Im Unani-System wird Opium als Heilmittel, Gift und Gegengift geführt; die wirksame Dosis wird mit 4 g angegeben (Khan et al. 1981). Seit frühester Zeit gilt es vor allem als starkes Aphrodisiakum (Penzer 1952: 32, 35). Die erste Quelle zum ayurvedischen Medizin-System, die Opium explizit als Heilmittel angibt, ist *Sarngadhara Samhita* aus dem 13. Jahrhundert (Chaturvedi et al. 1981). Sarngadhara hat ein opiumhaltiges Pulver beschrieben, das *akarakarabhadi churna* heißt und als *vajikarana* (= Aphrodisiakum) geführt wird. Das Rezept von *akarakarabhadi churna* wird genau angegeben:

1. *Aharakara (Anacyclus pyrethrum)*	1 Teil
2. *Sunthi (*Ingwer; *Zingiber officinale)*	1 Teil
3. *Kankola (*Kubebenpfeffer; *Piper cubeba)*	1 Teil
4. *Kesara (Mallothus philippinensis)*	1 Teil
5. *Pippali (*Langer Pfeffer; *Piper longum)*	1 Teil
6. *Jatiphala (*Muskat; *Myristica fragrans)*	1 Teil
7. *Lavanga (*Nelke; *Caryophyllus)*	1 Teil
8. *Candana (*Sandelholz; *Santalum album)*	1 Teil
9. *Ahiphena (*Opium*)*	4 Teile

Dieses Pulver soll denen gegeben werden, die sexuell überreizt sind, die unter vorzeitigen Ejakulationen leiden und die den Genuß der Erotik steigern wollen. Es hieß, das derjenige, der von dem Pulver am Tage genommen hat, in der Nacht von den Frauen geliebt wird. Die Opiummenge einer Dosis betrug etwa 300 mg.

Etwas später wurde vom *Yoga Ratnakara* eine pflanzlich-mineralische Rezeptur unter dem Namen *Agastyasutaraja Rasa* als Heilmittel der Diarrhöe empfohlen. Die Droge bestand aus 1 Teil *Parada* (Quecksilber), 1 Teil *Gandhaka* (Schwefel), 2 Teilen *Hingula* (Rotes Quecksilber), 4 Teilen *Kanaka Bija (dhatura)* (Datura metel) und 4 Teilen *Nagphena* (Opium). Bei dieser Mixtur gilt Opium als Gegengift zu Datura und umgekehrt (Chaturvedi et al. 1981: 33).
Später wurde Opium auch als Schmerz- und Schlafmittel verwendet. Aber der Gebrauch als Aphrodisiakum war am weitesten verbreitet (Bose 1981, Sangar 1981). Opium wurde dann auch sehr häufig mit Cannabis kombiniert und dem Shiva geweiht (Jha 1979: 45).
Auch in China wurde Opium seit alters her mit Sexualität assoziiert. Opium galt nicht nur als Aphrodisiakum, es wurde auch zu einem Sexualsymbol. Es wurde in Form kleiner Fische gepreßt und kam unter der Bezeichnung *Ying-tsu-su* auf den Markt (Behr 1980: 54):

> »'Fisch und Wasser kommen zusammen' bedeutet ebenfalls Geschlechtsverkehr, und von einem glücklichen Ehepaar sagt man 'sie haben die Freuden von Fisch und Wasser'. So kommt es, daß ein Fischepaar auch als Symbol der Harmonie, der gemeinsamen sexuellen Freuden und der eigenen Entfaltungsmöglichkeiten gilt - ein beliebtes Hochzeitsgeschenk. Schon im alten China hatte das Wort Fisch den Nebensinn Penis ...« (Eberhard 1983: 85)

In chinesischen Lenzmitteln (= Aphrodisiaka) wird Opium oft mit Ginseng (*Panax ginseng*) und Moschus kombiniert. Es heißt, daß der mäßige Opiumgebrauch ganz allgemein die Potenz fördert:

> »Man behauptet, daß die Chinesen namentlich wegen des Opiumgenusses viele Jahrhunderte hindurch zum üppigsten und fruchtbarsten Volk geworden sind.« (Aigremont 1986: II, 84)

Opium enthält eine Reihe von Alkaloiden, die in ihrer synergistischen Wirkung charakteristisch sind. Die etwa 40 Alkaloide werden als Opiumalkaloide zusammengefaßt. Dabei unterscheidet man den Morphian-Typ (Morphin, Codein, Thebain) und den Benzylisochinolin-Typ (Papaverin, Noscapin=Narcotin, Narcein, Nor-Laudanosin, Reticulin). Die Alkaloide sind in der Droge teilweise als Salze verschiedener Säuren anwesend (Meconsäure, Milchsäure, Fumarsäure, Schwefelsäure). Als Hauptwirkstoff gilt das Morphin, das sedativ-hypnotische, narkotische, antitussive, atemdepressorische und verstopfende Wirkungen hat (Wagner 1985: 163-165). »Opium wirkt wesentlich komplexer als Morphin, weil es mehrere Nebenalkaloide in nicht unerheblicher Menge enthält. Dazu gehört Thebain, ein Anregungsmittel, das dem Morphin entgegenwirkt. Papaverin und Noscapin mildern die dämpfende Wirkung des Morphins auf die Atmung. Und schließlich wirken die Opiumalkaloide Kodein und das genannte Noscapin stark hustenreizdämpfend. Kurz gesagt wirkt Opium weniger dämpfend als Morphin und ist wirksamer gegen Husten. Morphin verhält sich zu Opium wie Alkohol zu Wein ...« (Pelt 1983: 70). Allerdings werden auch dem Morphin aphrodisische Qualitäten zugeschrieben:

> »Dieser wichtigste Bestandteil des Opiums stimuliert wie dieses, in mäßigen Dosen

genommen. Eine Morphininjektion steigert die geschlechtliche Potenz, bei Morphinsüchtigen ist sie dagegen geschwächt.« (Aigremont 1986: II, 83)

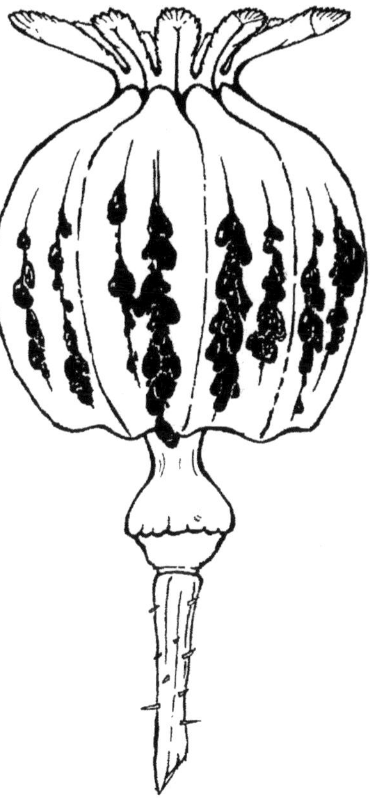

Abb. 7 Geritzte unreife Kapsel des Schlafmohns (*Papaver somniferum*), aus der das Rohopium herausquillt (Illustration von Sebastian Rätsch, 1986).

Opium wird in der modernen Medizin bei konvulsiven Diarrhöen wegen seiner stark obstipierenden Wirkung eingesetzt. Außerdem hemmt es den Defäkationsreflex. Es wird als *Opium titratum* (Opium pulverisiert auf Milchzucker), *Opium extractum* (durch Wassermazeration hergestellter Trockenextrakt aus Rohopium) und *Opii tinctura* oder *Laudanum* (Pantopon®). Die Opiumtinktur wird durch Mazeration mit einem Äthanol (70%)-Wasser-1:1-Gemisch aus Rohopium hergestellt und enthält 0,95-1,05% Morphin. Die größte Einzelgabe wird mit 1,5 g Tinktur angegeben. Über die aphrodisierende Wirkung des Opiums herrscht in der neueren medizinischen Literatur Uneinigkeit (Mirin et al. 1980). Nicht hingegen in der älteren sexologischen Literatur:

> »Es ist bekannt, daß Opiophagen eine erhebliche Steigerung der geschlechtlichen Funktionen in der ersten Zeit des Opiumgebrauches erfahren. Während des Opiumrausches tauchen wollüstige Bilder auf, bis zu außerordentlichen sexuellen Phantasieerlebnissen. [...] Ähnlich ist es beim Morphium, wo man nach mehrwöchigem Gebrauche von 0,03 bis 0,06 g pro Tag eine erhöhte geschlechtliche Erregbarkeit beobachtete.« (Marcuse 1923: 25)

In jüngster Zeit ist das Opiumalkaloid Papaverin zu besonderem Ruhm gelangt. Wird es Impotenten in den Penis injiziert, können diese mehrstündige Erektionen bekommen (Sanders 1985).

Cannabis, »das heilige Kraut der Ekstase«

> »Das Geheimnis liegt im Gebrauch von Haschisch.«
>
> Fitzhugh Ludlow
> *Der Haschisch-Esser* (1981: 15)

Die Hanfpflanze (*Cannabis indica, C. sativa*) gehört zu den ältesten Kulturpflanzen der Menschheit. Ihre vielseitige Verwendung wurde von vielen Völkern in Asien und Europa entdeckt. Wie alt der Gebrauch von Cannabisprodukten als Rausch- und Heilmittel ist, bleibt beim derzeitigen Forschungsstand noch ungewiß. Sicher wurde Cannabis bereits vor 5000 Jahren als Medizin genutzt (Benet 1975; Kessler 1985).

In Indien wird Cannabis seit der vedischen Zeit (1400 v. Chr.) als Medizin und magische Pflanze in der religiösen und medizinischen Literatur geführt. Pantanjali, der Begründer des Yoga, hat den Gebrauch von Cannabis als Mittel zur Ekstase empfohlen. Im Zend-Avesta ist Cannabis die erste von 10.000 Heilpflanzen. Die alten Germanen benutzten das Kraut als Tranquillizer und Dioskurides verordnete Hanfsamen bei Ohrenschmerzen. Seit dem 9. Jahrhundert wird Cannabis von Sufis als Mittel zur Unterstützung der religiösen Ekstase gebraucht. Die mittelalterlichen arabischen Ärzte priesen Hanf als heilige Medizin und Aphrodisiakum (Nahas 1982, Sami-Ali 1971). Man vermutet, daß selbst der Prophet ein stiller Cannabisgenießer war. Laut Hildegard von Bingen ist Hanf für den Menschen heilkräftig, fördert die Verdauung, verstärkt zwar bei Kranken die Kopfschmerzen, ist aber gut für die Gesunden (Müller 1982: 93).

Neben vielen medizinischen Verwendungen der Cannabisprodukte ist seit alters her der Gebrauch als beglückendes Aphrodisiakum belegt. Agehananda Bharati sagt, »daß *vijaya* [= Cannabis] das einzig wirkliche Aphrodisiakum ist« (1977: 209). Bei tantrischen Ritualen wurden Cannabisgetränke zur Unterstützung der erotischen Ekstase getrunken (Aldrich 1977). Die Cannabispflanze wird selbst religiös verehrt:

»To the Hindu the hemp plant is a holy. A guardian lives in the bhang leaf ... To see in a dream the leaves, plant, or water of bhang is lucky ... A longing for bhang foretells happiness ... It cures dysentery and sunstroke, clears phlegm, quickens digestion, sharpens appetite, makes the tongue of the lisper plain, freshens the intellect, and gives alertness to the body and gaity to the mind. Such are the useful and needful ends for which in his goodness the Almighty made bhang ... It is inevitable that temperaments should be found to whom the quickening spirit of bhang is the spirit of freedom and knowledge. In the ecstasy of bhang the spark of the Eternal in man turns into light the murkiness of matter ... Bhang is the Joy-giver, the Sky-flyer, the Heavenly-guide, the Poor Man's Heaven, the Soother of Grief ... No god or man is as good as the religious drinker of bhang. The students of scriptures at Benares are given bhang before they sit to study. At Benares, Ujjain and other holy places yogis, baigaras and sanyasis take deep draughts of bhang that they may centre their thoughts on the Eternal ... By the help of bhang ascetics pass days without food or drink. The supporting power of bhang has brought many a Hindu family safe through the miseries of famine.« (Hemp Drug Commision Report, 1984; zit. in Andrews & Vinkenoog 1968: 145)

In der ayurvedischen Medizin wurden Cannabispräparate bei sehr vielen Krankheiten, besonders bei Appetitlosigkeit und Impotenz verordnet (Chopra & Chopra 1957, Dwanrakanath 1965, Kabelik et al. 1960, Sharma 1981). Das populärste Cannabismedikament des Ayurveda ist *Jatiphaladi churna*, eine Rezeptur des *Sarngadhara Samhita*. Das Gemisch besteht aus je einem Teil Muskat, Nelke, Kardamom, Zimt, *tamala*-Zimt (*Cinnamomum tamala*), *Mesua ferrea*-Blüten, Kampfer, weißem Sandelholz, Sesamkörnern, Bambus-Manna (*Bambusa arundinacea*), Baldrian (*Valeriana wallichii*), Myrobalanfrüchte (*Phyllanthus emblica*), Talisapatra (*Abies webbiana*), Langem Pfeffer, Myrobalane (*Terminalia chebula, T. bellerica*), *Nigella sativa*, Citraka (*Plumbago zelanica*), Ingwer, Vidanga (*Embelia ribes*), Schwarzen Pfeffer, zwanzig Teilen Bhanga (Cannabis) und vierzig Teilen Zucker. Von diesem Pulver soll man eine *tola* (= 12 g) pro Tag einnehmen. Es gilt als Heilmittel bei Diarrhöe, Verdaungsstörungen, Appetitlosigkeit, Husten und Impotenz (Chaturvedi et al 1981: 34, Touw 1981: 26). Weitere Cannabis-Aphrodisiaka heißen *Madana modaka* und *Kamesvara modaka*. In Indien wird Cannabis für einen psychotropen Gebrauch meistens mit anderen psychotropen Substanzen wie Opium, Datura, Tabak, Wein oder Brechnuß (*Strychnos nux-vomica*) kombiniert (Touw 1981: 26). Cannabis wurde auch als Gegengift bei Opiumüberdosierung gebraucht (Birgh 1889).

Die moslemischen und arabischen Ärzte des Mittelalters benutzten Haschisch als Heilmittel bei Asthma, Tripper, Verstopfung, Appetitanreger, Aphrodisiakum und universales Gegengift bei Vergiftungen aller Art. Es hieß, Haschisch sei »wunderschöne Musik für die Sinne des Hörens« und »öffne die Pforten der [sexuellen] Begierde« (Nahas 1982: 823). In Persien wurden bereits zu Anfang des 17. Jahrhunderts aus Blättern und Samen des Hanfs mit Honig Pillen gedreht, die als Aphrodisiakum dienten (Most 1973: 571).

Bei den serbischen Zigeunern gilt die Hanfblüte gepulvert, mit Menstruationsblut vermischt, als Aphrodisiakum (Aigremont 1986: 24). In Zentralasien (Tashkent) gibt es viele Rezepte für *nasha* (Cannabis), die erotischen Prozeduren oder als Aphrodisiaka dienen. Das stärkste Aphrodisiakum ist der »Fröhlichkeitsbrei«. Er besteht aus *nasha*, Mandelbutter, getrockneten Rosenblättern, Bertramwurzel (*Anacyclius pyrethrum*), Blütenblättern der Gartennelke, Safran, Muskatnuß, Kardamom, Honig und Zucker (Benet 1975: 47). Praktisch in allen Gebieten der Welt, in denen Cannabis kultiviert wird, gilt die Pflanze als Heilmittel und Aphrodisiakum. Selbst in der Homöopathie wird Cannabis benutzt (Allen 1875). In der modernen Medizin werden Cannabisprodukte bei verschiedenen Leiden und Krankheiten innerlich angewendet (bei der Chemotherapie, bei Glaukom usw.; vgl. Roffmann 1982: 76-128). In Deutschland war Cannabis bereits Anfang des 19. Jahrhunderts ein »oft gemißbrauchtes Stimulans«; Most gibt in seiner *Encyklopädie der gesammten Volksmedicin* das Rezept an:

> »Nimm: Hanf-Extract [Das Extract wird durch Kochen der getrockneten Pflanze in Spiritus und Abdampfen erhalten, worauf durch Auflösung von drei Gran Extract in eine Drachme Alkohol man auch eine Tinctur bereitet], zwei Quentchen, Pommeranzenblüthwasser, sechs Unzen, Spanisch Pfeffer-Tinctur, ein halbes Loth. Man nimmt davon ein bis zwei Stunden ante actum ein bis zwei Esslöffel voll mit Wein.« (Most 1973: 255)

Die medizinische Kontroverse, ob und wie Cannabis als Aphrodisiakum wirkt, ist noch lange nicht abgeschlossen (vgl. Cohen 1982, Halikas et al. 1982).

Im wesentlichen werden für die unterschiedlichen Rezepturen folgende Cannabisdrogen benutzt:

- die blühenden, getrockneten weiblichen Blütenstände (*Ganja, Marijuana, Flores cannabica*)
- das von den Blütenständen abgesonderte Harz (*Kif, Haschisch, caras, polen, Rhesina cannabica*)
- die frischen oder getrockneten Blätter (*bhang, Gras, Folia cannabica*)

Der aus den harzigen Drogenanteilen (Cannabinole, Cannabinoide) extrahierte Hauptwirkstoff ist das Δ^9-Tetrahydrocannabinol (THC). Weitere THC-Abbkömmlinge haben nur geringen Anteil an der psychotropen Wirkung (vgl. Starks 1981).

Ähnlich wie beim Opium ist die Cannabiswirkung verschieden, wenn man Cannabis raucht oder ißt. Da die Fröhlichkeitspillen innerlich Anwendung finden, soll hier nur die Wirkung von Cannabisprodukten, die gegessen oder geschluckt werden, berücksichtigt werden.

Allgemein gilt bei innerlich genommenem Cannabis folgendes Wirkungsprofil:

> »Personen, die ihn als Vergnügungsmittel zu sich nehmen, fühlen eine besondere Heiterkeit, Fröhlichkeit und Munterkeit des Gemüths, ein behagliches Vergessen aller Traurigkeit und jedes Schmerzes; stets lächeln sie milde, wenn auch keine äußere Ursache dazu vorhanden ist, aller Zorn und Haß schweigt, und nach einigen Stunden verfallen sie in einen milden und sanften Schlaf, während desselben sie, wie vorher im Wachen die lieblichsten Phantasiebilder ergötzen.« (Most 1973: 570)

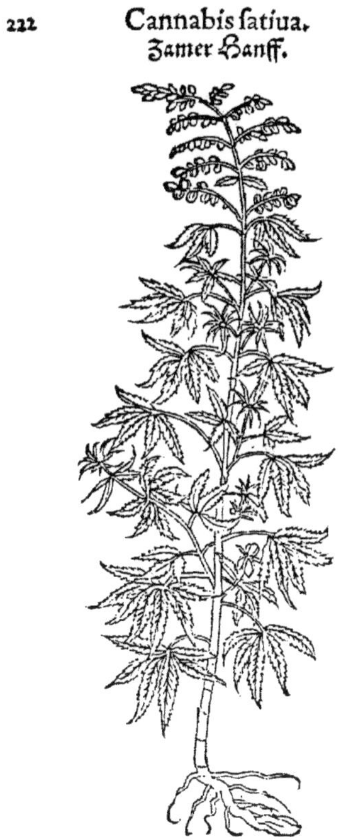

Abb. 8 Die Cannabispflanze, dargestellt auf einem Holzschnitt von Leonard Fuchs (1545).

Wird reines Haschisch in hoher Dosierung gegessen, kommt es zu ekstatischen Erlebnissen:

> »Nimmt man aber größere Gaben, welche dann die sogenannte 'Phantasie' hervorrufen, so bemächtigt sich unser ein unbeschreibliches wonniges Gefühl, welches alle Thätigkeiten des Geistes begleitet. Es ist, als ob die Sonne jeden Gedanken beschiene, der das Hirn durchzieht, und jede Bewegung des Körpers ist eine Quelle von Lust ... Wir werden, wenn wir Haschisch genommen haben, zum Spielball jedes Eindruckes.« (Moreau in Bibra 1855: 271)

> »Die allgemeinste Wirkung von Haschisch in Speisen ist eine Steigerung des Körpergefühls, eine neue Form von Körper- und Bewegungsbewußtsein. Subjektiv stellt sich dieser Zustand als Ausgeglichenheit dar, der Körper und Psyche als selbstverständliche Einheit erscheinen läßt. Die Spontaneität der Bewegungen, z.B. im Tanz, wird gesteigert. Vergangenheit und Zukunft erscheinen nicht mehr als losgelöste Kategorien. Sie sind in

dem Ganzheitserlebnis der intensiv erlebten Gegenwart enthalten. [...] Die Wirkung nach einem Haschischgericht setzt im Allgemeinen nach einer halben bis einer Stunde ein. Sie dauert ca. zwei bis vier Stunden, je nach verwendeter Menge. Getränke wirken rascher. Nach etwa zehn bis zwanzig Minuten tritt ein erstes Gefühl der Gelöstheit und Entspannung ein ... Alle Formen von Haschisch wirken erotisierend, nicht unbedingt aber sexualisierend. Diese Form von Erotik ergibt sich aus der Sensibilisierung und dem verstärkten Zusammenwirken aller Sinne. Sie schafft besonders intensive Kontaktmöglichkeiten mit außersprachlichen Mitteln ... Musik erscheint als hauptsächliches Kommunikationsmedium, sie wird subjektiv als erotische Brücke zum anderen und zu sich selbst empfunden.« (Behr o.D.: 17-18)

Betelnuß, der »Bissen der Lust«

»Froh ist uns das Herz, es lacht,
Froh ist uns das Herz, ganz erfreut,
Weil wir erhalten haben zu kauen,
Weil wir erhalten haben Sirih [Betel]
Das Geschenk aus der Hand der Liebe,
Das Geschenk der Hand gibt sie ...«

aus einem niassischen *Chor der Gäste*
(Stöhr 1981: 557)

Die Betelnuß ist der Same der Arekapalme (*Areca catechu*). Die Palme kommt in ganz Süd- und Südostasien vor und wird auch als Kulturpflanze in Plantagen angebaut. Die Betelnuß wird seit alters her in den indischen und und südostasiatischen Medizinsystemen als Heilmittel und Stimulans genutzt. Betel gilt als eine Art Universalheilmittel. Innerlich wird es bei Kopf- und Bauchschmerzen, Geschlechtskrankheiten und Verdauungsproblemen; äußerlich bei Fieber, Glieder- und Gelenkschmerzen, Rheumatismus, Erschöpfung, Hautjucken, Insektenstichen, frischen und schwerheilenden Wunden, Zahnerkrankungen usw. benutzt. In der ayurvedischen Medizin ist Betel in vielen Kombinationspräparaten enthalten.
In der modernen ayurvedischen Medizin, die sich auch westlich-medizinischer Erkenntnisse bedient, heißt es von der Betelnuß:

»Die Betelnuß wirkt zusammenziehend, appetitanregend und geruchhemmend. Vor allem die rohen, grünen Nüsse in kleiner Dosis beruhigen das Nervensystem. Bei Überdosis treten Vergiftungserscheinungen und Schwindelgefühl auf. Die Alkaloide besitzen teilweise amöbentötende Eigenschaften und sind als Wurmmittel besonders gegen Bandwürmer wirksam ... Die Nuß, ihr alkoholisches Extrakt oder das Nußpulver, in Milch aufgekocht, beschleunigt die Zusammenziehung der Gebärmutter nach der Entbindung, reguliert Menorrhagie und bremst Weißfluß bei Frauen. Die Nuß hat leicht blutzuckersenkende Eigenschaften, deshalb ist sie bei Diabetes im Frühstadium nützlich. Arecolin hat sich bis zu einem Gewissen Grad als MAO-Hemmer (Mono-Amino-Oxydase) bei Tier- und

Laborversuchen erwiesen und kann aus diesem Grund als stimmungsaufhellendes Mittel empfohlen werden. Das Kauen der Nuß hilft Streß ertragen. Sowohl der alkoholische als auch der wässrige Extrakt hemmen die Vermehrung verschiedener krankheitserregender Bakterien; dies beweist ihre antibakteriellen Eigenschaften. Wird die Nuß dauernd gekaut, wie in Indien üblich, kann dies Mundkrebs auslösen.« (Udupa & Tripathi 1983: 74)

Die zerriebenen oder zerstoßenen Samen werden gewöhnlich mit verschiedenen Gewürzen (→*Lexikon der Gewürze*) und gebranntem Kalk vermischt und in ein Betelblatt (*Piper betle*) eingerollt (vgl. Penzer 1952, Stöhr 1981). Dieser Betelbissen oder -priem ist in ganz Asien populär, und wird meist nach dem Essen gekaut. Nach altindisch-brahmanischer Überlieferung gehört Betel zu den acht Arten Genuß: Düfte, Frauen, Kleidung, Gesang, Betel, Essen, Schlafstatt und Schmuck (Baar 1977: 166).

Der medizinische Gebrauch der Betelnuß sowie der hedonistische Gebrauch des Betelpriems sind sehr alt. Die Betelnuß wird schon bei Theophrast angeführt und taucht in frühen Sanskrittexten unter dem Namen *Guváka* oder *Pinlang* auf. In Persien war das Betelkauen schon früh bekannt. im 8. Jahrhundert lernten die Araber den Betelbissen kennen.
Die Wirkung des Betelkauens wurde von Lewin beschrieben:

»Im allgemeinen ist der Betelbissen in dieser Beziehung als ein sehr mildes, narkotisch stimulierendes Genußmittel anzusehen. Der Betelkauer empfindet eine Art Wohlbehagen, gute Laune und Aufheiterung, langweilt sich nicht oder weniger, ist bei Humor, wird auch wohl, wie dies die burmesischen Mönche behaupten, wenn er sonst Anlage dazu hat, zum Nachdenken und zur Arbeit angeregt, aber dies alles in nicht stärkerer Weise, als es etwa der Genuß des Tabaks in einer der vielen Formen seines Gebrauchs bei denen, die daran gewöhnt sind, tut. Der berühmte Reisende Kaempfer sagt aus eigenem Erleben von dem Betelbissen, daß, da er das Gehirn leicht berausche, er besänftigend wirke und gute Stimmung mache. Eine noch stärkere narkotische Wirkung anzunehmen hieße aber den Tatsachen widersprechen. Ich halte es daher für sehr übertrieben, wenn behauptet wird, daß das Betelkauen für die Singhalesen die nämliche Wirkung wie der Opiumgenuß habe ... Hunger- und Durstgefühl solllen durch Betelkauen gestillt und die Geschlechtlichkeit erregt werden.« (Lewin 1980: 316)

Die Dosis beträgt: bis zu 3 g Einzelgabe, bis zu 6 g Tagesgabe; 8-10 g können tödlich wirken.

In Indien ist der Betelgebrauch in ein soziales und religiöses Gefüge integriert:

»Wie im sozialen Bereich so spielt Betel auch im Ritus eine Rolle als Kommunikationsmittel, um zwischenmenschliche Beziehungen oder die Beziehung zwischen Menschen und Übernatürlichem zu stimulieren und zu festigen. Im Gegensatz zum Alltagsverhalten ist jedoch die rituelle Form standardisiert, formalisiert und symbolisierend. Der einfachste Gebrauch von Betel im Ritus ist der in Form einer Opfergabe an die Götter. Es heißt, daß die Götter in ihrem Himmel keinen Betel haben und die Menschen ihnen deshalb Betel anbieten, um sie günstig zu stimmen.« (Moser-Schmitt 1981: 548)

Dem Betelbissen kommt in Indien eine starke, sexuell geprägte Fruchtbarkeitsymbolik zu:

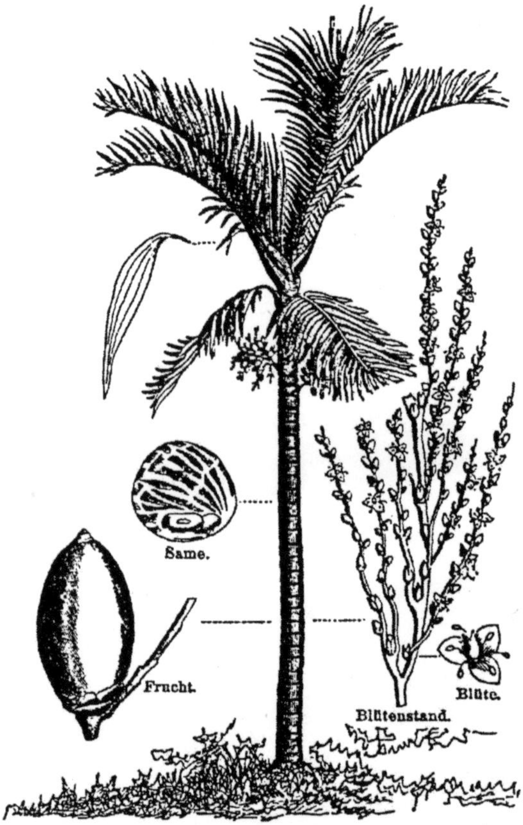

Abb. 9 Die Betel- oder Arekapalme (*Areca catechu L.*) (Bibliographisches Institut in Leipzig, 19. Jh.).

»Das Blatt, das die Grundform eines Dreiecks hat, wird mit dem weiblichen Geschlechtsorgan der Vulva, *yoni*, identifiziert und ist somit repräsentativ für weibliche Fruchtbarkeit ... Die Arekanuß wird auch als *phal* (= Frucht) bezeichnet. Das zum Behälter gefaltete Betelblatt birgt in sich Teile der Arekanuß, d.h. die aus dem männlichen Samen reifende Frucht. Die gefüllte Beteltache symbolisiert den befruchtenden Mutterschoß, der sich öffnet, das Leben gebiert und die rote Farbe der Blutung hinterläßt.« (Moser-Schmitt 1981: 550)

Der Betelbissen wird auch als Aphrodisiakum und Liebeszauber gebraucht. Frauen oder Kurtisanen haben oft den Betelbissen derart »verzaubert«, daß jeder, der ihn kaute, sofort die eigene Frau verließ und von großer sexueller Begierde ergriffen wurde. Erika Moser-Schmitt erklärt diese »zauberhafte« Wirkung mit zwei zusätzlichen Ingredienzien zu dem Bissen: Haschisch und Opium. Mit diesen beiden Bestandteilen wäre das Rezept für die orientalischen Fröhlichkeitspillen wiederhergestellt.

Brechnuß, das »Krähenauge«

Brechnüsse oder Krähenaugen sind die Samen des Strychninbaumes (*Strychnos nux-vomica*). Der Strychninbaum ist eine alte Kulturpflanze des Menschen. Er ist mittlerweile in allen tropischen Zonen Asiens heimisch. Die Früchte und Samen, die »Krähenaugen« (wegen der Ähnlichkeit), dienten vornehmlich zur Herstellung von Pfeilgiften, wurden aber auch medizinisch genutzt.

In Indien und Persien sind viele aphrodisierende Getränke, Latwergen und Pillen (Gandschakini) bekannt, die Brechnuß enthalten. Most gibt ein Majun-Rezept an, das »nebst den Hanfblättern noch Mohnblätter, Blumen des Stechapfels, Krähenaugen, Zucker und Milch« enthält (1973: 570). In Persien nehmen die »rechtgläubigen Muselmänner« einen Trank aus Hanf, Krähenaugen, Kali und Wein oder einen *bangue, baeng* oder *beng* genannten Tee aus Hanf, Mohnblättern und Krähenaugen als Aphrodisiakum zu sich (Most 1973: 570f). Es ist also durchaus denkbar, daß die Krähenaugen unter den wirksamen Bestandteilen der orientalischen Fröhlichkeitspillen einzuordnen sind.

Die Samen der Brechnuß enthalten mehrere Alkaloide und Glykoside. Die beiden wichtigsten Alkaloide sind die Indole Strychnin und das analoge Brucin. Die tödliche Strychnindosis liegt bei Erwachsenen bei 2-3 mg:

> »Eine Strychninvergiftung äußert sich durch Krämpfe, die zuerst die Gesichts- und Nackenmuskeln ergreifen, dann den ganzen Körper, dieser wird bogenförmig zu Boden gerissen, so daß der Vergiftete mit Hinterkopf und Fersen aufliegt und nach mehreren Anfällen bei vollem Bewußtsein an Lähmung der Atemmuskulatur erstickt ... In kleinen Gaben wirkt es belebend auf die Muskeltätigkeit, die Atmung und den Blutkreislauf.« (Stary 1983: 202)

Häufig treten bei Strychninvergiftungen harte Errektionen auf. In kleinen Dosen der Samen (größte Einzelgabe 0,1 g; größte Tagesgabe 0,2 g) ist es ein wirkungsvolles Aphrodisiakum (vgl. Stark 1984: 36). Strychninhaltige Aphrodisiaka (z.B. Tonaton®) sind verschreibungspflichtige Medikamente. Leichte Strychningaben sind auch als unerlaubte *Doping*-Mittel beim Sport berühmt geworden. Bei etwa doppelter Dosis (200 mg der Nuß) kann es zu leicht psychedelischen Zuständen kommen, die durch die Schärfung der Sinnesfunktionen, besonders der Sehkraft, des Geruch- und Geschmacksinnes gekennzeichnet sind (Roth et al. 1984: IV-1.S, 54). Wegen dieser Wirkung ist in der Drogenszene mitunter Strychnin oder

Brechnuß als LSD verkauft worden. Hitler soll angeblich strychninsüchtig gewesen sein; er hat sich mit hohen Dosen in eine »euphorische Trance« versetzt (Schidtbauer & vom Scheidt 1984: 289).

Die Gewürze, »Verbindungsglieder zum Paradies«

> »Und auf der Wiese steht ein Baum,
> der ist gar herrlich anzuschaun,
> seine Wurzel ist Galgant und Ingwer,
> seine Triebe sind ganz aus Zitwer,
> aus feinem Muskat seine Blüten sind,
> und die Rinde aus süßem duftenden Zimt,
> die Früchte wohlriechende Nelken sind,
> dazu man reichlich Kubebe findt.«
>
> aus: *Welt im Meer, westlich von Spanien*
> (Irland, 14. Jh.; Richter 1984: 137)

Im Mittelalter galten Gewürze als Verbindungsglieder zum Paradies und Sendboten aus einer sagenhaften Welt:

> »Vom Pfeffer hat man die Vorstellung, er wachse nahe am Paradies in einer Ebene, wie ein Rohrwald. Ingwer und Zimt wird von ägyptischen Fischern mit Netzen aus den Fluten des Nils geholt, und dieser wiederum bringt sie geradewegs vom Paradies. Das Aroma der Gewürze wird als ein Hauch verstanden, der aus dem Paradies in die menschliche Welt herüberweht« (Schivelbusch 1983: 16).

Es hieß, daß Paradies- und Liebesgärten mit betäubenden oder anregenden Düften von Zimt, Muskat, Ingwer und Nelken erfüllt seien. Die Gewürze konnten das Paradies auf die Erde bringen und galten Liebenden als Unterpfand ihrer gegenseitigen Zuneigung.

Von den Gewürzen oder *Aromata* hieß es in den vergangenen Jahrhunderten, sie seien allesamt aphrodisisch wirksam. In Mosts Enzyklopädie der Volksmedizin heißt es:

> »Für Kinder und junge Leute bis zum achtzehnten, zwanzigsten Jahre passen, außer dem Salz und dem Zucker, keine Gewürze (denn sie reizen, stimulieren, wecken zu früh die Geschlechtslust und geben dadurch häufig den ersten Anlaß zur Onanie, zu Ausschweifungen im Geschlechtsgenuß, befördern die Selbstsucht und schwächen die Selbstbeherrschung), und es ist gewiß, daß die Gesundheit des Menschen ohne Gewürze sehr befördert wird, indem der Appetit so regelmäßiger und naturgemäßer bleibt.
>
> Der Gewürzmißbrauch macht scharfe Galle, hitziges Blut, nervöses und rheumatisches Gliederreißen und viele andere körperliche und geistige Übel. Er schadet auch dadurch, daß er durch Anregung eines zu starken Appetits die Vollblütigkeit und Überernährung des Körpers mit ihren oft traurigen Folgen; Schlagfluß, Hirn- und Lungenentzündungen, begünstigt. Die Ostindier essen häufig die in Zucker gekochten Muskatnüsse und verfallen

dadurch in Schlafsucht und Krämpfe; ich kannte einen Jüngling, bei dem sich durch täglichen Gewürzgenuß die Geschlechtslust schon im zwölften Jahre entwickelte und der schon im dreizehnten Jahre einen Bart bekam, durch das Laster der Onanie aber ganz abgezehrt war.
Die inländischen Gewürze sind für Europäer nicht so schädlich, als die ausländischen ...« (Most 1973: 231f)

Gewürze wie Zimt, Muskat, Ingwer, Nelken und Pfeffer galten nicht nur in Europa als ruhmreiche Aphrodisiaka. Im ganzen Vorderen und Hinteren Orient dienten sie selbigem Zwecke.
In vielen orientalischen Rezepten zur Herstellung von anregenden Elixieren und berauschenden Aphrodisiaka werden immer wieder ähnliche Gewürzkombinationen angegeben. Häufig sind Kombinationen von Zimt, Nelke, Kardamom, Muskat, Ingwer, Pfeffer (verschiedene Arten) zu gleichen Teilen.
Im Ananga-Ranga wird ein Rezept für aphrodisierende Pillen für guten Mundgeruch angegeben:

»Zerstampfe Kesar (Safran), Kankol, Lobhan (Weihrauch), Muskatnüsse und Koriander-Samen, forme Pillen daraus und [iß sie mit Betelblättern].«

Ein aphrodisierender Tee aus Indien enthält Zimt, Kardamom, Ingwer, Pfefferkörner, Nelken, Muskat, Safran, Honig und Schwarztee (Douglas & Slinger 1979).
In der orientalischen Liebeslehre des Scheiks Nefzaui werden in erotischen Rezepten hauptsächlich Gewürze genannt: Ingwer, Zimt, Karadamom, Muskatnuß, Cassia (chinesischer Zimt), Chillies, Galgant, Mekka-Zimt, Gewürznelken, Betelnuß, Kubeben, persischer Pfeffer, Lorbeerkörner, aber auch Vogelbeeren (*Stallena pancrina*), Kamillen, Nieswurz, Weihrauch, Borax und Drachenblut.
Moses Maimonides, der berühmte jüdisch-arabische Arzt des 12. Jahrhunderts, empfiehlt eine Gewürzmischung, die über jede Speise gestreut werden soll, damit es keine Potenzprobleme gibt (Rosner 1974: 20):

1 Unze Langer Pfeffer
1 Unze Galgantwurzel
2 Unzen Zimt
2 Unzen Anis
¼ Unze Macis
¼ Unze Muskat

Eine Gewürzkombination für orientalische Spezereien enthält Koriander (60 g), schwarzen Pfeffer (10 g), Fenchelsamen (50 g), Mohn (50 g), Ingwer (10g) , Chillies (5 g), Kreuzkümmel (10 g) und Kurkuma (10 g) (nach Hlava & Lanska 1977: 198).
Die Pariser Serail-Pastillen der vergangenen Jahrhunderte enthielten folgende Gewürze: Moschus, Ambra, Aloe, Myrobalane, Wermut, rotes und gelbes Sandelholz, Mastixharz, Olibanum, Galgantwurzel, Zimt und zermahlene Edelsteine.
Ein englisches Gewürzrezept des frühen 19. Jahrunderts heißt:

»Nimm: feine Zimmtcassie, Muskatnuß, spanischen Pfeffer, von jedem ein halb Loth, Ingwer 1½ Loth, reifen Zwiebelsamen ein halbes Quentchen, Zucker ein Loth. Man pulverisiert diese Ingredienzien, mischt alles gehörig und nimmt davon zu jedem Ei [4-8 Eier!] so viel, daß das Ganze ein bis zwei Löffel voll beträgt.« (Most 1973: 22)

Da alle diese Gewürze in dem Rezept für die Fröhlichkeitspillen enthalten sein können, sollen sie im folgenden vorgestellt und auf ihre pharmakologischen Aktivitäten hin untersucht werden.

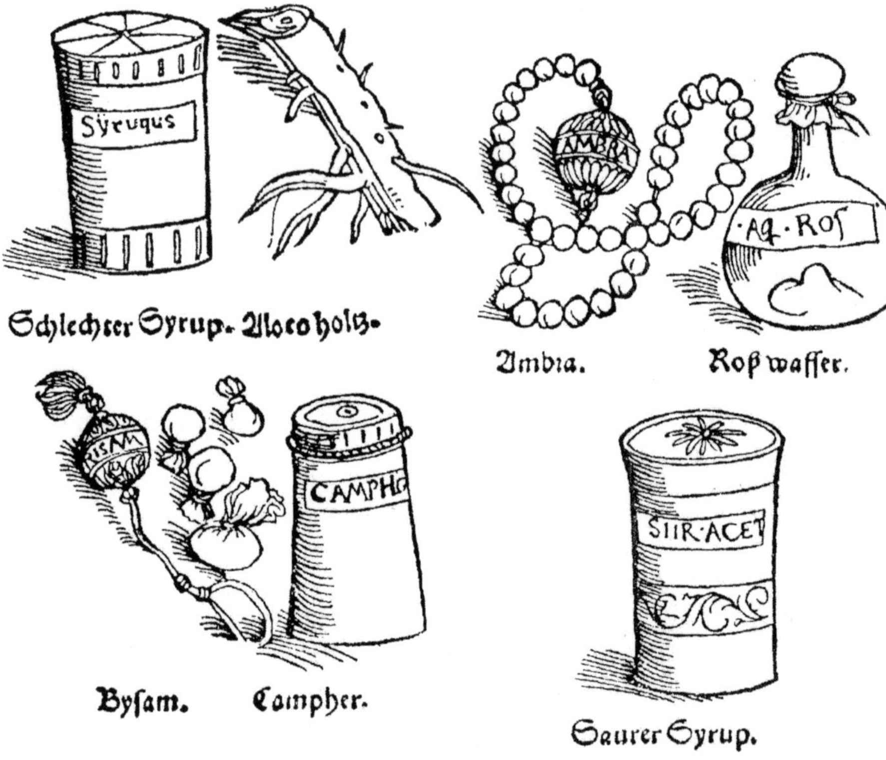

Abb. 10 Gewürzzubereitungen in den frühen Apotheken (Holzschnitt von Michael Herr aus *Schachtafelen der Gesunntheyt,* 1533).

Lexikon der Gewürze

ALOE (*Aloe sp., A. ferox, A. abyssinica*)

Es gibt etwa 250 Aloearten, die hauptsächlich in Nordostafrika, Arabien und dem vorderen Orient, aber auch Indien, beheimatet sind. Als Arzneimittel bezeichnet das Wort Aloe den eingedickten Saft der Blätter (kompensierte Inhalte der Exkretzellen). Aloe gehört zu den ältesten bekannten Arzneimitteln der Menschheit. Es wurde in den frühen Hochkulturen als Räucherwerk (immer in Kombination mit Myrrhe) sakral gebraucht (Indien, Ägypten, Mesopotamien, Judäa). Hildegard von Bingen empfahl den Rauch von Aloe und Myrrhe gegen den »Zahnwurm«. Innerlich findet das wasserunlösliche Harz Verwendung als mildes Reinigungs- und Abführmittel. Es ist u.a. Bestandteil der Schwedenbitter und Magenelixiere. Aloe ist ein wichtiger Heilstoff in der ayurvedischen Medizin und wird in einigen Rezepten für *vajikarana* (= Aphrodisiaka) angegeben. Aloe gilt als ein Tonikum der Leber und bewirkt ein Gleichgewicht des körperlichen Zustandes. Aloe kann bei Menstruationsschmerzen innerlich und bei vaginalen Entzündungen äußerlich (mit Kurkuma) angewandt werden. In der islamischen Medizin wird *Ud* (Aloenharz) bei Bronchitis verordnet und wird von mystisch erfahrenen Menschen in den letzten drei Stationen der Seelenentwicklung angewandt (Moinuddin 1984: 162).
Aloe enthält verschiedene Hydroxyanthracen-Derivate, haupsächlich 13-40% Aloin; aber auch hormonähnliche Substanzen, die noch nicht genauer erforscht sind. Aloe ist ein starkes Dickdarmlaxans: »Etwa zehn Stunden nach der Einnahme löst das Präparat die Verstopfung. Allerdings führt es auch zu einer stärkeren Durchblutung des gesamten Darmbereichs, die auf umliegende Gebiete übergreifen kann.« (Reger 1984: 41)

ANIS (*Pimpinella anisum*)

Anis stammt ursprünglich aus dem östlichen Mittelmeerraum und Vorderasien. Die Samen werden als Gewürz von Süßspeisen, alkoholischen Getränken und als Zutat in Gewürz- (Curry) und Teemischungen (zur Beruhigung und als Stomatikum) benutzt. Schon im alten Ägypten und Rom wurde Anis geschätzt. Die großen Ärzte der Antike lobten die Heilkraft bei innerer Verschleimung, bei Blähungen und bei Impotenz. Plinius verordnet ein Duftkissen gegen schlechte Träume. Anissamen galten auch als Aphrodisiakum. Im Ananga-Ranga wird ein Rezept für ein äußerlich angewandtes *prayoga* (Aphrodisiakum) angeführt:

> »Nimm Shopa oder eine Prise Anis, zerreibe ihn zu feinstem Pulver, färbe ihn und bereite mittels Zusatz von Honig eine Latwerge. Wenn man dieses Präparat vor dem

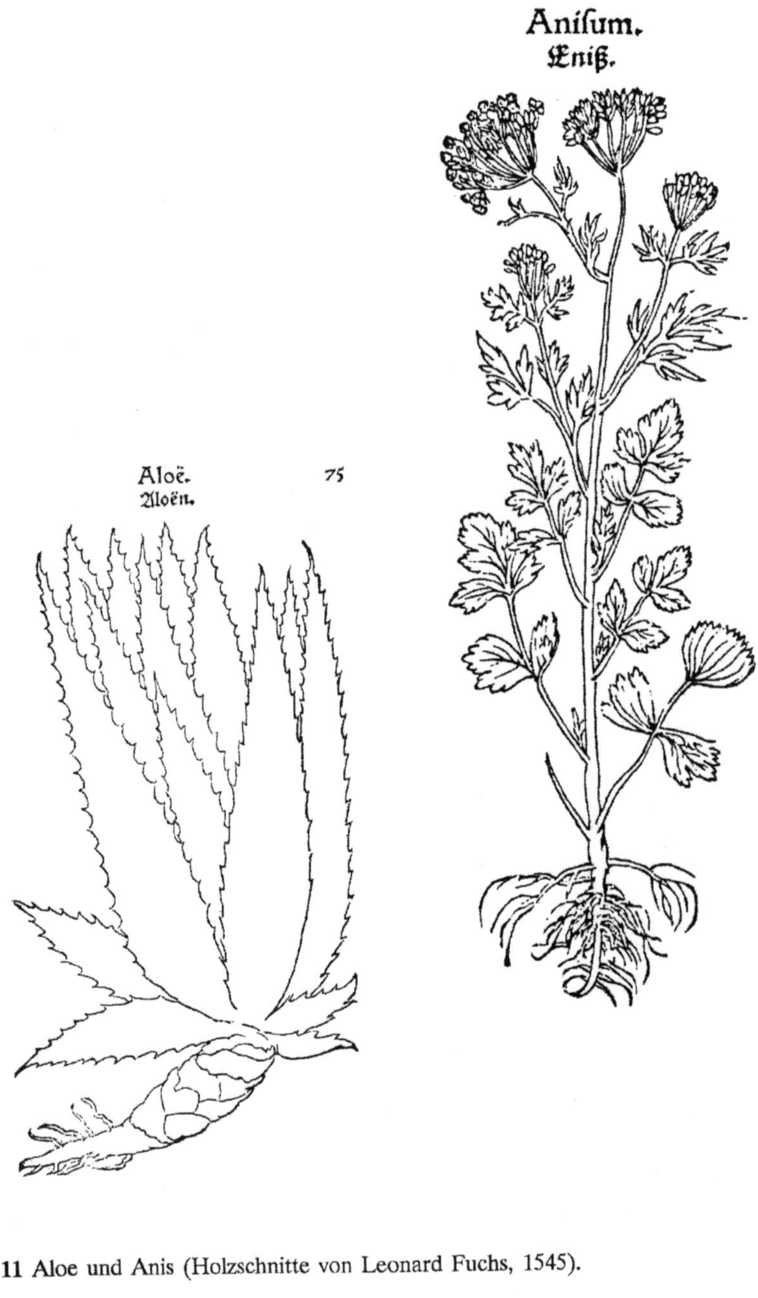

Abb. 11 Aloe und Anis (Holzschnitte von Leonard Fuchs, 1545).

Koitus auf den Lingam aufträgt und dann so tief wie möglich bei der Frau eindringt, wird das Mittel einen Orgasmus hervorrufen und sie deinem Willen gefügig machen.«

In der islamischen Medizin ist Anis eines der großen Heilmittel:

»Zu den vielen Eigenschaften von Anis gehört, daß es innere Schmerzen lindert, den Menstruationsausfluß vermehrt, die Absonderung von Milch und Samenflüssigkeit fördert und Gase in den Eingeweiden beseitigt. Man kann es auch in Form von Tee anwenden, um die Augen und das Sehvermögen zu stärken. In der Natur suchen Schlangen nach der Winterstarre die Anispflanze auf und reiben ihre Augen daran, da ihr Sehvermögen über den Winter schwach geworden ist.« (Moinuddin 1984. 91)

Leonard Fuchs schrieb in seinem *New Kreuterbuch* von 1543:

»Anissamen macht einen geringen und wohlschmeckenden Atem. Ist nutz den Wassersüchtigen und vertreibt das Aufblähen des Bauches. Ist auch gut zu den giftigen Tieren auf ihre Biß gelegt. Weiter so bringt den Weibern die Milch und mehret die Lust zur Unkeuschheit. Dieser Same macht Lust zum Essen und stillet das Aufstoßen.«

Noch heute werden sie von Kräuterheilern als Zutat für aphrodisierende Kräutertees benützt (z.B. von Mességué). »Im Mittelalter hat Anis eine wichtige Rolle als Mittel zur Unschädlichmachung von Giften gespielt.« (Hlava & Lanska 1977: 206)

Die Früchte enthalten 1,5-6% ätherisches Öl, dessen Hauptbestandteil trans-Anethol (80-90%) ist, außerdem Methylchavicol (1-2%) sowie fettes Öl, Schleimstoffe, Proteine, Zucker und Cholin.

Möglicherweise hat Anis eine östrogene Wirkung (Wichtl 1984: 53).

BETELPFEFFER (*Piper betle*)

Betelpfeffer, nicht mit der Betelpalme (*Areca catechu*) zu verwechseln, ist eine Rankpflanze, die im ganzen Orient und in Südostasien angebaut wird. Die Blätter dienen vor allem der Herstellung des sogenannten Betelbissen, werden aber auch als Tonikum und Aphrodisiakum in Form eines Priems gekaut. Die zerriebenen Blätter werden auch als Zutat für Gewürzmischungen gebraucht (vgl. Müller-Ebeling & Rätsch 1986b).

Der Betelbissen hat eine typische Gewürzmischung als Beigabe: Nelken, Kardamom, Kampfer, Muskat, Zimt, Kokosflocken, Anis, Ingwer, Aloe, Bakek (*Pepar chaba*), Ambergris (vgl. Penzer 1952: 185-300)

Susrata, einer der Klassiker des Ayurveda hebt Betel innerhalb der Aphrodisiaka besonder hervor:

»Verschiedene Arten nahrhafter und schmackhafter Speisen und süße, köstliche, erfrischende Getränke, eine Unterhaltung, die den Ohren angenehm ist und über die Haut wie eine sanfte Berührung streicht, klare Nächte, die versüßt werden von den Strahlen eines vollen Mondes, und ein junges, hübsches und lustiges Mädchen, liebliche Gesänge, die verzaubern und die Seele fesseln, das Kauen von Betelblättern, Wein und Kränze, gewunden aus süß duftenden Blumen, und ein fröhliches, unbeschwertes Herz - das sind die besten Aphrodisiaka im Leben.« (zit. in Thakkur 1977: 309f)

Die Betelblätter enthalten etwas ätherisches Betelöl, dessen hauptsächlich aktive Substanz das Betelphenol ist.

Abb. 12 Chilli oder Spanischer Pfeffer (Holzschnitt von Leonard Fuchs, 1545).

CHILLI (*Capsicum sp.*)

Chilli oder Spanischer Pfeffer (*Capsicum annuum*) wird im ganzen Orient angebaut und gehört fast zu allen Gewürzmischungen. Die frischen oder getrockneten Früchte werden auch als Speisen gegessen. Sie gelten als verdauungsfördernd und appetitanregend. Die Ansicht, daß Chilli aufgrund seiner heißen Qualität aphrodisierend wirkt, ist weit verbreitet. »Während der sexuellen Vereinigung soll der Mann kurz vor dem Höhepunkt eine Chillischote zerkauen. Es verleiht ihm zusätzliche Kraft.« (Müller-Ebeling & Rätsch 1986b).

»Unter den Gewürzen steht der spanische Peffer obenan,« schreibt Most in seiner volksmedizinischen Enzyklopädie, »er spielt in allen componierten *Aphrodisiacis* die Hauptrolle« (Most 1973: 20).
Chillischoten enthalten das in höheren Dosierungen leicht toxische Capsaicin.

FENCHEL (*Foeniculum vulgare*)

Fenchel wächst im Mittelmeerraum bis hin nach Ostasien wild. Die Samen werden seit dem Altertum als Medizin und Gewürz benutzt. Die Knollen werden gegessen. Im Altertum galt der Fenchel als Aphrodisiakum (Hlava & Lanska 1977: 138). Der Fenchel spielte in den dionysischen Ritualen, dem Liebeszauber und in den Fruchtbarkeitsriten der Benandanti eine hervorragende Rolle (Aigremont 1986, Ginzburg 1980). In der islamischen Medizin wird Fenchel hochgeschätzt, denn schon der Prophet rühmte seine Kraft:

> »Wenn meine Menschen wüßten, was im Fenchel ist, dann würden sie ihn beim Kauf mit Gold aufwiegen.«

Fenchel soll den Monatsfluß födern, die Verdauung anregen, den Körper reinigen und das »Herz stärken« (Moinuddin 1984: 93).
Fenchelsamen enthalten 2-6% Ätherisches Öl, das zu 50-70% aus Anethol und zu 20% aus (+)-Fenchon besteht; außerdem Anisaldehyd, α-Pinen, Limonen und die Östrogene Dianethol und Dianisoin.

GALGANT (*Alpinia officinarum*)

Galgant ist ein Ingwergewächs und kommt aus Kulturen in Südchina, Thailand und Indien. Galgant wird auch Fieberwurzel oder Chinesischer Ingwer genannt. In Asien gilt Galgant seit alters her als gutes Gewürz und Heilmittel. Besonders im Ayurveda war die Wurzel beliebt. Der arabische Arzt Ibn-al-Baytar sprach der Wurzel liebesfördernde Eigenschaften zu (Reger 1984: 119). Das Rhizom (Galgantwurzel, Galanga) wurde im Mittelalter (seit dem 8. Jh.) als Aphrodisiakum benutzt (Rose 1972: 62). Seither ist Galgant ein beliebter Zusatz zu anregenden Kräuterlikören. Hildegard von Bingen empfahl die Wurzel bei Fieber, Gebrechen der Lunge, Magenschmerzen und *Herzweh*. Nach Mattioli (16.Jh.) »aromatisiert er den Atem, fördert die Verdauung, beseitigt Blähungen und regt die körperlichen Gelüste an«. In der deutschen Volksmedizin hieß es, daß derjenige, der die Wurzel verspeist oder auf die Genitalien auflegt, zum zwölfmaligen Geschlechtsverkehr fähig sei (Aigremont 1986: II, 80).
Galgantwurzel enthält 0,5-1,5% ätherisches Öl (mit Cineol, Eugenol, Sequiterpenkohlenwasserstoffe), Harze (Galangol, Alpinol, Gingerol und weitere Phenylalkone) und Flavonide (Quercetin- und Kämpferolderivate). Das Rhizom ist offizinell als Stomachikum und Tonikum. Es wird bei Appetitlosigkeit und Verdauungsschwäche verschrieben.

Abb. 13 Galgant (Holzschnitt von Leonard Fuchs, 1545).

INGWER (*Zingiber officinarum*)

Ingwer stammt aus Südostasien und hat sich über alle tropischen Zonen verbreitet. In Indien und China wird er seit frühester Zeit als Gewürz, Heilmittel und Aphrodisiakum genutzt. Dioskurides empfahl Ingwerwurzel bei Magenleiden. Ingwer ist in den meisten orientalischen Gewürzmischungen (vor allem im Curry) enthalten. Er wird auch mit Tee vermischt. In der Volksmedizin, aber auch in der Schulmedizin, wird Ingwer als Stomachikum, Tonikum und Digestivum bei subazider Gastritis, bei Dyspesien und bei Appetitlosigkeit verwendet. Ingwer wird weltweit (besonders in Asien, Afrika und der Karibik) als Aphrodisiakum geschätzt.
In der ayurvedischen Lehre heißt es vom Ingwer, er entfache *Agni*, das innere göttliche und schöpferische Feuer, stärke den Kreislauf und reinige den Darm. In

der islamischen Medizin ist Ingwer eine heilige Pflanze, denn er wird im Koran erwähnt. »Ingwer ist auch ein Mittel zur Förderung der Verdauung und zur Stärkung der geschlechtlichen Aktivität.« (Moinuddin 1984: 94)
Ingwerwurzel enthält 2,5-3% ätherisches Öl mit (-)-Zingiberen, Zingiberol, (+)-Borneol, Cineol und einige Scharfstoffe: Gingerol, Shogaol, Zingeron. Dosen sollen als Pulver tägl. nicht 1 g überschreiten, da es zu leicht toxischen Reaktionen kommen kann (Harnzwang).

Abb. 14 Ingwer (aus Garcia da Orta).

KALMUS (*Acorus calamus*)

Kalmus, auch Deutscher Ingwer oder Deutscher Zitwer genannt, wächst in sumpfigen Gebieten fast überall auf der Erde. Das heilkräftige Rhizom, das bereits in den alten Medizinsystemen Asiens und in der Medizin der nordamerikanischen Waldlandindianer eine wichtige Rolle als Magentonikum und Kräftigungsmittel spielte (Miller 1985: 82), wird auch als Badezusatz und Gewürz benutzt: »Als Gewürz wird Kalmus orientalischen Getränken beigegeben und findet bei der Herstellung von Zuckerwaren und appetitanregenden Bitterlikören Verwendung. Kalmuspulver ist in einer Reihe von Gewürzmischungen enthalten, insbesondere in Curry. Kalmus verträgt sich gut mit Muskat, Vanille, Zimt und erinnert an Ingwer.« (Hlava & Lanska 1977: 44) Eine aphrodisierende Gewürzmischung besteht aus Kalmus, Galgant, Anis, Muskatblüte, Kümmel und Petersilie (Aigremont 1986: II, 82).

Kalmus gilt fast weltweit als Aphrodisiakum: »Cachunde, eine beliebte Pastille Indiens, enthält *Kalmus* neben anderen Aphrodisiaka wie grauer Ambra, Moschus und Wermut sowie manchmal gemahlene Edelsteine. Dieses Arzneimittel ist in ganz Indien sowie China als sexuelles Stimulans, gegen nervöse Beschwerden und als *Lebenselixier* verkauft worden.« (Stark 1984: 71)

In der ayurvedischen Medizin gilt Kalmus als *heiß* und wird bei vielen Krankheiten empfohlen:

> »Nach ayurvedischer Ansicht ist Kalmus ein Mittel gegen Konvulsionen und wird bei Epilepsie verwandt. Sie wirkt auf die höheren zerebralen Funktionen und auf das Gewebe des Gehirn und hilft, das Bewußtsein zu erweitern und zu klären. Kalmuswurzel ist das beste Antidot gegen die schädlichen Wirkungen von Marihuana. Marihuana übt eine toxische Wirkung auf die Leber- und Gehirnzellen aus; wenn jedoch eine kleine Menge Kalmuswurzelpulver zusammen mit dem Marihuana geraucht wird, wird diese Heilpflanze die toxischen Nebenwirkungen der Droge vollkommen neutralisieren. In der Tat können die Nebenwirkungen aller Psychedelika durch Kalmuswurzel neutralisiert werden.« (Lad 1986: 150)

Weiterhin gilt die Wurzel als intelligenzsteigernd und soll die Gedächtnisleistungen verbessern. Sie regt den Kreislauf an, wirkt heilend bei Nebenhöhlenbeschwerden, ernährt das Muskelgewebe und lindert Husten und Asthma.

Kalmus enthält 2-9% ätherisches Öl, mit ß-Asaron und Iso-Eugenolmethyläther, und Gerb- und Bitterstoffe (Acoron). »Die Wurzel enthält den aphrodisischen und psychedelischen Stoff Asaron. Das Kauen eines 5 cm langen Stückes der Wurzel wird entweder eine oder beide Wirkungen hervorrufen. Verständlicherweise entspricht eine höhere Konzentration von Asaron im Blut einer größeren erotischen Spannung. Das Mittel erfordert eine individuelle und zeitspezifische Dosierung.« (Stark 1984: 70)

KAMPFER [1] (*Kaempheria galanga*)

Diese, auch Maraba oder Galanga genannte Pflanze, gehört zu den Ingwergewächsen und ist in den tropischen Zonen Südostasiens heimisch. »Der Wurzelstock ... ist dafür bekannt, daß er eine rauschartige Euphorie erzeugt und sexuell stimuliert.« (Stark 1984: 82) »*Kaempferia galanga* ist in Neuguinea als Halluzinogen gebräuchlich. Der stark aromatische Wurzelstock wird im gesamten Verbreitungsgebiet als beliebtes Gewürz für Reisgerichte verwendet; daneben dient er in der Eingeborenenmedizin als Mittel zur Schleimlösung und gegen Blähungen. Ein aus den Blättern zubereiteter Tee hilft bei Schwellungen, Rheumatismus, Halsweh und Augenentzündungen.« (Schultes & Hofmann 1980: 47)
Über die Inhaltsstoffe ist wenig bekannt: »Der Wurzelstock dieser dem Ingwer verwandten Pflanze ist reich an ätherischen Ölen (diese dürften für die halluzinogenen Eigenschaften verantwortlich sein). Über ihre chemische Zusammensetzung ist kaum etwas bekannt.« (ebd.: 71)

KAMPFER [2] (*Cinnamomum camphora*)

Kampfer oder Camphora ist das Harz aus dem Kampferbaum oder Kampferlorbeer. Der mit dem Zimt verwandte Baum stammt aus Südostasien, besonders Formosa. Kampferöl ist ein sehr bedeutungsvolles Heilmittel in südostasiatischen Medizinsystemen. Im Ananga-Ranga wird Kampfer als äußerliches Aphrodisiakum empfohlen:

> »Nimm zu gleichen Teilen Sama-bagha (Kampfer), Tankan (Tinkel oder rohen Borax, gewöhnlich Zankankhar genannt) und gereinigtes Quecksilber. Zerreibe es mit Honig und verwende es wie oben [Wenn man dieses Präparat vor dem Koitus auf den Lingam aufträgt und dann so tief wie möglich bei der Frau eindringt, wird das Mittel einen Orgasmus hervorrufen und sie deinem Willen gefügig machen].«

Kampfer kam mit den arabischen Ärzten nach Europa. Hildegard von Bingen benutzte Kampfer gegen Fieber, als wunderbares Stärkungsmittel und »empfiehlt mannstollen Frauen etwas Alraunen-Wurzel mit Kampfer zu pulverisieren und 'gegen sexuelle Triebhaftigkeit' einzunehmen« (Reger 1984: 136). In der europäischen Volksmedizin wurde Kampfer als Herzmittel und Hustenmittel verwendet. »Manche Anwendungsgebiete stimmten mit jenen überein, die schon Hildegard vorschlug. Zum Beispiel als 'Antaphrodisiakum', gegen Reizzustände der Geschlechtsorgane bei Männern und Frauen, bei Männern auch bei schmerzhaften Erektionen im Zusammenhang mit der Gonorrhöe.« (Reger 1984: 136)
Kampferblätter und -öl enthalten ätherisches Öl, bestehend aus Safrol, Acetaldehyd, Kampfer, Terpineol, Eugenol, Cineol, D-Pinen, Phellandren, Dipenten, Cadinen. Innerlich wirkt Kampfer auf Herz, Lunge und Kreislauf. »Ein Mann, der versehentlich 3,7 g Camphora auf einmal nahm, bekam Schwindel, Kälte der Extremitäten, heftige Angst, kalten Schweiß, leichte Delirien, Somnolenz und matten Puls, bald darauf große Hitze, schnellen Puls und roten Urin. Nach lange

Zeit fortgesetzten sehr großen Kampfergaben wurde eine von oben nach unten fortschreitende cerebrospinale Paralyse mit Lähmungen der oberen und unteren Extremitäten, Impotenz und Schwäche der Intelligenz bei ungestörten Sinnesfunktionen beobachtet.« (Roth et al. 1984: IV-1.G, 43)

KARDAMOM (*Elettaria cardamomum*)

Die Kardamompflanze stammt aus den asiatischen Regenwäldern und gehört zu den Ingwergewächsen. In Asien werden die Samen vielen Gewürzmischungen, oft auch dem Tee oder Kaffee, beigemischt. »Kaffee, mit einer Prise Kardamom aufgekocht, schätzen die Bewohner der arabischen Halbinsel wegen der stimulierenden Wirkung, insbesondere auf das Gehirn.« (Henglein 1985: 172) In der ayurvedischen Medizin gelten die Samen als speicheltreibend, kühlend, magenstärkend, windtreibend, milchfördernd, harntreibend und menstruationsfördernd. Die Samen werden den Arzneien gegen Übelkeit, Verdauungstörungen und Erbrechen beigefügt (Udupe & Tripathi 1980: 178). Das Gewürz regt das Verdauungsfeuer an, stimuliert die Herztätigkeit und erfrischt den Geist. Kardamom ist oft ein Bestandteil von Majun und verschiedenen *vajikarana* (= Aphrodisiaka).
Die Samen enthalten 2-8% ätherisches Öl mit Prostaglandine (hat hohe biologische Aktivität), 5-10% Cineol, Limonen, Borneol, Terpineol, Terpinylacetat und fettes Öl.

KOKOSFLOCKEN (*Cocos nucifera*)

Die ursprüngliche Heimat der Kokospalme ist unbekannt. Sie wird seit alters her in allen tropischen Zonen angebaut und sehr vielseitig genutzt. Die Kokosflocken sind die geraspelten harten Nußinnenteile. Sie dienen in Asien als Gewürz und Speisezusatz. Den Kokosflocken werden gelegentlich, wie auch anderen Kokosprodukten, aphrodisierende Eigenschaften zugeschrieben (Müller-Ebeling & Rätsch 1989).
In der islamischen Medizin wird das weiße Kokosfleisch in Form heißer Breiumschläge verwendet. So werden die geschlechtliche Energie vergrößert und Rückenschmerzen gemildert (Moinuddin 1984: 96).
Kokosflocken enthalten Wasser, Proteine, Kohlehydrate und geringe Mengen Vitamin-B-Komplex.

KORIANDER (*Coriandrum sativum*)

Koriander ist eine sehr alte Kulturpflanze, die praktisch über die ganze Welt verbreitet ist. Die aromatischen kugelförmigen Früchte sind seit alters her ein beliebtes Gewürz. Er wird im alten Testament erwähnt und galt in der römischen

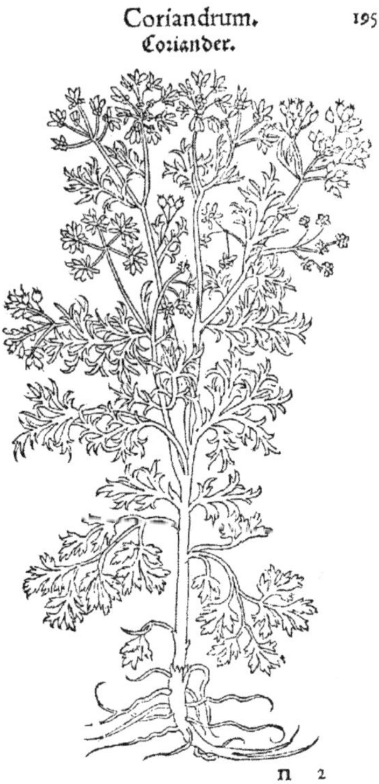

Abb. 15 Koriander und Kümmel (Holzschnitte von Leonard Fuchs, 1545).

Küche als unentbehrlich. Er ist ein Hauptbestandteil des Currys und würzigen Süßigkeiten. In der ayurvedischen Lehre wird Koriander als harntreibendes Mittel angegeben. In der islamischen Medizin ist der Koriander vom Propheten selbst gepriesen worden:

> »Macht Euch die Samen des Koriander zu eigen, denn sie bringen die Heilung aller Krankheiten, ausgenommen der Schwellung (Krebs), welche eine tödliche Krankheit ist.« (Moinuddin 1984: 96)

Koriander treibt die Säfte des Körpers an und soll das Haarwachstum födern. »In der Volksmedizin gilt er als Aphrodisiakum.« (Henglein 1985: 173)
Schulmedizinisch wird Koriander als Stomachikum, Spasmolytikum und Karminativum benutzt.
Die Samen enthalten 1% ätherisches Öl mit D-(+)-Linalool (60-70%) und 20% Monoterpenkohlenwasserstoffe (α-Pinen, 1,8-Cineol, Kampfer, Geraniol).

KREUZKÜMMEL (*Cuminum cyminum*)

Der Kreuzkümmel oder Römischer Kümmel oder Cumin stammt aus Äthiopien. Schon im alten Ägypten wurde er als Heilpflanze geschätzt. Hildegard von Bingen empfahl den Kreuzkümmel bei »Herzweh« gegen Übelkeit und Erbrechen. In der Volksmedizin wird er bei Blähungen und Koliken verwendet. Er regt die Verdauung an und wirkt auf Herz und Galle. Er wird in der ayurvedischen Medizin und indischen Küche verwendet; er wird auch in einigen *majun*-Rezepten genannt. Im Voodoo gilt Kreuzkümmel als Aphrodisiakum und Liebesmittel (Müller-Ebeling & Rätsch 1986).
In der islamischen Medizin heißt es, Kreuzkümmel sei das einzige Gewürz, das durch den Magen wandert, ohne von der Verdauung berührt zu werden, bis es schließlich in die Leber gelangt und dort heilkräftig wirksam wird. Kreuzkümmelfrüchte enthalten bis zu 3% ätherisches Öl mit vorwiegend Carvon und Harz.

KUBEBENPFEFFER (*Piper cubeba*)

Der Kubenenpfeffer ist eine dem Schwarzen Pfeffer verwandte Ranke, die hauptsächlich auf Java und Sumatra angebaut wird. Die Früchte werden vielfach als Gewürz, meist aber als Heilmittel verwendet. Die Kubebenfrüchte wurden im 9. und 10. Jh. von arabischen Ärzten in medizinischen und aphrodisischen Rezepten benutzt (Rose 1972: 54). Die Früchte stärken den Magen und Darm und wirken anregend auf den Kreislauf. Die Kubebe »war in früheren Zeiten ein Küchengewürz. Sie wirkt specifisch auf die Schleimhaut der Harn- und Geschlechtsorgane, und ist daher auch unter dem Volke gegen Tripper und weissen Fluss famös geworden.« (Most 1973: 501)
Die Kubeben enthalten 10-20% ätherisches Öl, 2,5% Cubebin (Scharfstoff) und 1% Cubebensäure. »Aus den Früchten wird das sogenannte Kampfercubebin

gewonnen, das einen kampferartigen Beigeschmack hat und in der Volksheilkunde Verwendung findet.« (Hlava & Lanska 1977: 210).
In höheren Dosierungen haben Cubebenfrüchte toxische Auswirkungen (Reizung der Harnwege, Nieren- und Blasenschmerzen, Schwellungen, ZNS-Störungen). Einzeldosis 2 g, Tagesdosis 10 g.

KÜRBISSAMEN (*Curcubita pepo, C. sp.*)

Kürbiskerne (auch vom Melonenkürbis; *Curcubita maxima*) werden seit alters her als Nahrungsmittel verwendet. In Asien gehören Kürbissamen zu vielen Gerichten, werden auch einzeln als Appetitanreger genossen. Mitunter gelten sie als Sexualsymbole und werden mit dem chinesischen Fisch (= Geschlechtsverkehr) assoziiert. Wenn Frauen Kürbis- oder Melonensamen kauen, geben sie damit ein Zeichen der sexuellen Bereitwilligkeit. Im Ayurveda und Tantra kommen den Kürbissamen aphrodisische Qualitäten zu. Sie werden oft im tantrischen Paarritual gegessen (*mudra*) und gehören zu verschiedenen *vajikarana*. In der europäischen Volksmedizin gelten Kürbissamen als Wurmmittel und werden als Diuretikum gegessen. In der Schulmedizin werden sie zur Behandlung dysurischer Beschwerden (Prostataleiden, Miktionsstörungen) verordnet (vgl. Gäbler 1982).
Die Samen enthalten 35-40% fettes Öl, Eiweiß, 1% Saccharose, 1% Phytosterole, α-Tocopherol (= Vitamin E), Spurenelemente (Selen, Mangan, Zink, Kupfer) und gelegentlich etwas Cucurbitacin. Dosis bis 20 g.

KURKUMA (*Curcuma domestica*)

Kurkuma oder Gelbwurzel gehört zur Familie der Ingwergewächse und ist in den tropischen Zonen Asiens und Afrikas beheimatet. Das gelbe Rhizom wird entweder frisch oder getrocknet als Färbemittel, Gewürz und Heilmittel gebraucht. Das pulverisierte Rhizom ist Hauptbestandteil des Currys und Ingredienz vieler anderer Gewürzmischungen. »Kurkuma wird auch in der Senfherstellung verwendet. Kurkumasud dient in der Volksmedizin als Magen-, Nieren- und Gallemittel und äußerlich als Desinfiziens« (Hlava & Lanska 1977: 128).
In der ayurvedischen Medizin heißt es, daß Kurkuma ein gutes blutreinigendes Mittel, ein verdauungsföderndes Tonikum und ein antibakterielles Heilmittel sei. Das Rhizom enthält 3-5% Farbstoffe (Curcuminoide), 2-7% ätherisches Öl (Turmeron, ar-Turmeron, Zingeberen).

MACIS → Muskat

MANDEL (*Prunus communis var. dulcis*)

Der Mandelbaum stammt aus Westasien. Zerstoßene Mandeln werden häufig in der orientalischen Bäckerei und Süßwarenherstellung verwendet. In der ayurvedischen Medizin werden Mandeln als Heilmittel geschätzt: »Mandeln verleihen Energie und Lebenskraft, besonders dem Nervensystem, den Augen und den Fortpflanzungsorganen. Die Emulsion in Milch oder Wasser ist leicht harntreibend und bei Infektionen der Niere und des Harntraktes zu empfehlen. Die Paste, mit Honig vermischt, 2-3x täglich eingenommen, schafft Erleichterung bei Halsweh und Bronchitis. Süße Mandeln gehören in die Diät von Personen mit Entzündungen im Beckenbereich, Rückenschmerzen und von Frauen mit Weißfluß. Frauen wird auch angeraten, direkt nach der Geburt Mandeln zu essen.« (Udupa & Tripathi 1980: 80). Maimonides lobt die aphrodisischen Eigenschaften der getrockneten, enthäuteten Mandeln.
Mandeln enthalten festes Öl, Proteine, Fett, Kohlehydrate, Faserstoffe, Mineralien (Kalzium, Phosphor, Eisen) und Vitamine (Thiamin, Riboflavin, Niacin, Vitamin G).

MOHNSAMEN (*Papaver somniferum*)

Die als Gewürz und Speisezusatz verwendeten Mohnsamen stammen ausschließlich vom Schlafmohn. Ihr Gebrauch ist mindestens so alt, wie der des Opiums. Schon im Altertum war der Mohn mit Fruchtbarkeit und Erotik assoziiert: »Als Pflanze der Fruchtbarkeit und der Liebe war der Mohn auch der Aphrodite geweiht (Paus. II 10,5). Man benutzte seine Blätter als Liebesorakel, man schlug auf die Blütenblätter, aus dem stärkeren oder schwächeren Knall schloß man auf stärkere oder schwächere Gegenliebe (Theocr. II, 29). Seinen Samen benutzte man, mit Wein getrunken, gegen den Fluß der Frauen.« (Aigremont 1986: 35) Laut Hildegard von Bingen sind die Samen (*grana*) schlafbringend und beseitigen Hautausschläge und Kopfgrind. In der mitteleuropäischen Volksmedizin gelten Mohnsamen und -kapseln als mildes Beruhigungs- und Schlafmittel, vor allem für Kinder. Mohn ist eine alte Nutzpflanze, der Heil- und Zauberkräfte zugesprochen werden. Dem Mohn oder Mogn werden »magische Kräfte der Fruchtbarkeit zugesprochen, ... Die berauschende Wirkung jedoch dürfte die kultische Verehrung hervorgerufen haben.« (Fink 1983: 66) In Tirol haben die Hexen Mohn mit Vorliebe vermischt mit Farnsamen (die selbst ein Zaubermittel sind, das unsichtbar macht) verzehrt (ebd.: 77). »In einigen Hochtälern besteht der Glaube, daß die Mohnkörner sowohl Hexen- als auch Totenfutter sein können.« (ebd.: 66) Brautpaare werden mit Mohn, der als Fruchtbarkeitsförderer (und Aphrodisiakum?) gilt, bestreut. Toten wird bei der Bestattung Mohn mit ins Grab gegeben (Fink 1980: 15).
Im Orient werden die Samen vielen Gewürzmischungen beigefügt. Die reifen Mohnsamen enthalten 50% Öl, Mineralstoffe, Proteine, Saccharose, organische Säuren, jedoch keine oder nur sehr wenige Alkaloide.

Abb. 16 Muskatbaum (aus Garcia da Orta).

MUSKAT (*Myristica fragrans*)

Der Muskatbaum stammt von den Molukken, ist aber in ganz Südostasien angesiedelt worden. Die Kerne (Muskatnuß) und der sie umkleidende Samenmantel (Macis oder »Muskatblüte«) werden als Gewürz, Aphrodisiakum und Rauschmittel benutzt. Im alten Indien hieß Muskat *mada shaunda*, »betäubende Frucht«, und war Bestandteil vieler berauschender Aphrodisiaka (Rätsch 1987 & 1988). In der ayurvedischen Medizin ist sie ein wichtiges Mittel:

> »Sie wird verwendet, um den Geschmack von Tee und Milch zu verbessern. Mit Milch zusammen genommen, dient sie als Tonikum für das Gehirn und das Herz. Sie wird ebenfalls verwendet, um sexuelle Schwäche zu beheben. Muskatnuß ist ebenfalls wirksam bei der Behandlung von unfreiwilligem Urinabgang, allgemeiner Schwäche, Durchfall, Blähungen, dumpfen Schmerzen im Abdomen, Appetitverlust und Leber- und Milzstörungen. Muskatnuß ist ein Beruhigungsmittel und bewirkt einen natürlichen Schlaf und ist daher hilfreich bei Schlaflosigkeit.« (Lad 1986: 158f)

Schon Hildegard von Bingen wußte von der Wirkung der Muskatnuß auf das menschliche Bewußtsein:

> »Muskatnuß versetzt den Menschen in heitere Stimmungslage, schärft seine Sinne, hilft innerlich genommen gegen Gemütsleiden.«

Im Mittelalter wurde die Nuß als Medizin, vor allem aber als aphrodisierendes Rauschmittel geschätzt. Mattioli empfiehlt, Muskatöl auf den Penis zu schmieren, um zum »Venushandel« zu verhelfen. Unter dem Einfluß des Muskatöles sollen die Träume an »Intensität und Farbigkeit« gewinnen (Henglein 1985: 174). In den Zwanziger und Sechziger Jahren wurde Muskatpulver vielfach als Rauschmittel wiederentdeckt (Weil 1967). Muskat ist in vielen exotischen Gewürzmischungen enthalten.

Die Muskatnuß enthält 6-8% ätherisches Öl, die Macisblüte bis zu 17%. Das ätherische Öl des Samenmantels besteht hauptsächlich aus Myristicin, in geringen Mengen aus Safrol und Elemicin. Das ätherische Öl der Nuß enthält hingegen weniger Myristicin, dafür mehr Safrol (3%) und einige weitere Bestandteile: Eugenol, Isoeugenol, etwa 80% Pinen und Camphen, Dipenten, Borneol, Terpineol, Geraniol. Hohe Dosen können psychedelisch, aber auch toxisch sein:

> »Größere Dosen (5 bis 30 g) von Musktplv. können halluzinogen wirken; 2 bis 5 Std. nach der Einnahme setzt die Wirkung ein, die sich von einer leichten Bewußtseinsveränderung bis zu intensiven Halluzinationen erstrecken kann. Während visuelle Halluzinationen weniger häufig sind als bei LSD- oder Mescalin-Intoxikationen, kommt es zu deutlichen Veränderungen des Zeit- und Raumgefühls. Die psychotropen Wirkstoffe sind verschiedene Phenylallylderivate, wie Myristicin, Elimicin, Safrol u.a., deren biologische Umwandlungsprodukte mescalin- und amphetaminähnliche Strukturen besitzen. Pharmakologisch gesichert ist die Monoaminooxydasehemmung von Myristicin, während die anderen flüchtigen Bestandteile des Samens wie Borneol, Geraniol und Safrol in hohen Dosen das ZNS stimulieren.« (Roth et al. 1984: IV-1.M, 23)

MYRRHE (*Commophora sp., C. molmol*)

Myrrhe ist das an der Luft getrocknete Harz des *Commiphora*-Baumes, der in Abessinien, Erythrea, Somali, Yemen und Sudan beheimatet ist. Myrrhe ist ein altes heiliges Räuchermittel, besonders in Verbindung mit Aloe und Olibanum. Im alten Ägypten wurde sie zur Mumifizierung und als Medizin benutzt. Im Ananga-Ranga gibt es ein *prayoga*-Rezept, das das erschlaffte Glied wieder kräftigen soll:

> »Nimm zu gleichen Teilen Rakta-bol in Pulverform (Myrrhe, so genannt, weil es das Blut vermehrt), Manashil (roten arsenigen Schwefel), Costus arabicus, Anis und Borax. Mische es mit Öl des orientalischen Sesam, salbe damit das Glied, und die gewünschte Reizung wird sich einstellen.« (Ananga-Ranga 1985: 71)

Dioskurides nennt viele medizinische Eigenschaften: betäubend, austrocknend, adstringierend und menstruationsfördernd. In der islamischen Medizin gilt Myrrhe als heilkräftig. Der Koran erwähnt sie als Heilmittel. »In alter Zeit wurde Myrrheöl verwendet, um Menschen eine bestimmte innere esoterische Lehre beizubringen, nämlich um ihre geistige Umgebung zu reinigen, so daß die Lehre den richtigen Boden findet, um darein gepflanzt zu werden« (Moinuddin 1984: 159f). Im Mittelalter galt Myrrhe als ein vielseitiges Antidot. Hildegard von Bingen benutzte Myrrhe als Schutzmittel vor magischen und teuflischen Einwirkungen, Antaphrodisiakum, Fiebermittel und als Umschlag bei Migräne. Myrrhentinktur wird schulmedizinisch bei entzündlichen Erkrankungen im Mund-Rachen-Raum verwendet.

Das Harz ist sehr komplex zusammengesetzt. Nur einige Bestandteile sind bekannt wie das ätherische Öl aus Sesquiterpenen. Myrrhe ist wasserunlöslich; zu 60% aber in Alkohol löslich.

NELKEN (*Eugenia caryophyllata*)

Nelken oder Gewürznelken sind die getrockneten Blütenknospen des Nelkenbaumes, der auf den Molukken und Philippinen beheimatet ist. Nelken werden seit alters her als Gewürz benutzt. Im Mittelalter wurden Nelken vielseitig als Medizin verwendet (bei Milzleiden, Magengeschwüren, Übelkeit, Vergiftung, Herzbeschwerden, Schwindel, Menstruationsstörungen, Zahnschmerzen). In der Volksheilkunde gelten Nelken als magenstärkend, krampflösend, blähwidrig, zusammenziehend, sexuell anregend, wundheilend und geburtsfördernd (Henglein 1985: 153). Mattioli berichtet:

> »Gestoßene Nelken zwei Quentel schwer in Milch gegessen mehren den natürlichen Samen und locken zur Unkeuschheit.« (223)

In der ayurvedischen Medizin soll besonders eine Mischung von Nelken mit Ingwer kräftigend, schmerzstillend und entzündungshemmend sein.

Ein anregender Tee besteht aus 1-2 Nelken, 2 Kardamomsamen, Zimt und Ceylontee.

Nelken enthalten 16-20% ätherisches Öl, mit 80-90% Eugenol und etwas Safrol, Eugenolacetat und ß-Caryophellen.

Abb. 17 Gewürznelkenbaum (aus Garcia da Orta).

OLIBANUM (*Boswellia carteri, B. sacra*)

Das Harz der *Boswellia* wird Weihrauch, Olibanum oder Gummiresina Olibanum genannt. Der kleine Baum wächst im Somaliland, in Ägypten und Südarabien. Es wird schon seit alters her als Weihrauch, Duftstoff und Medizin verwendet (Rimmel 1985). Zusammen mit anderen Gewürzen wird Olibanum bereits im *Hohelied* gepriesen:

»Du bist gewachsen wie ein Lustgarten von Granatäpfeln mit edlen Früchten, Zypernblumen mit Narden, Narde und Safran, Kalmus und Zimt, mit allerlei Weihrauchsträuchern, Myrrhe und Aloe, mit allen feinen Gewürzen.«

In der islamischen Medizin gehört Olibanum zu den Düften der Seele der Rose. Es gilt als Reinigungsmittel der Aura und der psychischen Ebenen. Olibanum wird volksmedizinisch genutzt: »Das Gummiharz und das daraus gewonnene ätherische Öl sind wundheilend, adstringierend, verdauungsfördernd, anregend und beruhigend zugleich. In den Anbaugebieten wird Weihrauch zur Kräftigung des Zahnfleischs und als leicht euphorisierendes Mittel gekaut.« (Henglein 1985: 182f) »Olibanum ist noch gelegentlich Bestandteil galenischer Zubereitungen gegen Stuhlverstopfung, die auf mangelden Gallefluß zurückzuführen ist.« (Pahlow 1979: 455)

Olibanum besteht aus Harz, Gummi, ätherischem Öl, Bitterstoffen, Schleim und Bassorin.

Abb. 18 Olibanum[baum] (*Boswellia thurifera*) (aus Rimmel, 19. Jh.).

SCHWARZER PFEFFER (*Piper nigrum*)

Pfeffer ist eines der meistgebrauchten orientalischen Gewürze. Im Orient werden den scharfen Körnern *heiße* Eigenschaften zugeschrieben, die sich besonders positiv auf das Sexualleben auswirken. In vielen orientalischen Liebesrezepten wird Pfeffer aufgeführt. »In der indischen Medizin spielt Pfeffer eine wichtige Rolle. Er wirkt appetitanregend, verdauungsfördernd und windtreibend. Das ätherische Öl wird durch die Lungen abgesondert und verringert so Beschwerden bei Rachenkatarrh und Mandelentzündung. Pfeffer lindert Blähungen und reguliert den Stuhlgang.« (Udupa & Tripathi 1980: 188) Da Pfeffer *Agni*, das innere Feuer anfacht, wirkt er

als Aphrodisiakum. Nach Moses Maimonides unterstützt schwarzer Pfeffer die Erektion und den Koitus. Sogar seine Zeitgenössin Hildegard von Bingen schreibt dem Pfeffer potenzfördernde Kräfte zu (Müller 1982: 147).
In der deutschen Volkmedizin wird Pfeffer als Aphrodisiakum und Liebeszauber genutzt:

> »Zum unappetitlichen Liebeszauber verwenden ihn wie die Muskatnuß die Mädchen: sie verschlucken drei Pfefferkörner auf nüchternen Magen, entleeren sie, stoßen sie zu Pulver und backen sie in den Kuchen, den sie dem Geliebten zu essen geben. - 'Pfeffer im Mörser stampfen' ist eine Redewendung für coire. Eine Frau sagt: 'Der stampft keinen Pfeffer in meinem Mörser wieder.'« (Aigremont 1986: II, 85)

Pfefferkörner enthalten Proteine, Kohlehydrate, Mineralien, Vitamine und Alkaloide (Piperin, Chalvicin, Piperidin).

LANGER PFEFFER (*Piper longum*)

Der lange Pfeffer wächst in allen Tropengebieten Asiens und wird ähnlich wie der Schwarze Pfeffer benutzt. Im Kamasutram wird er als Aphrodisiakum angegeben:

> »Wenn man den Penis mit einem Pulver von Datura alba, Pfefferstaude und Piper longum, mit Honig vermischt, bestreicht, so wirkt das gewinnend.«

Der lange Pfeffer hat ähnliche Inhaltsstoffe wie schwarzer Pfeffer.

SPANISCHER PFEFFER → Chilli

RAUTE (*Ruta graveolens*)

Die Raute, auch Garten- oder Weinraute genannt, ist im östlichen Mittelmeergebiet beheimatet. Die frischen oder getrockneten Blätter werden gelegentlich als Gewürz verwendet. Meist wird sie jedoch als Heilpflanze gebraucht. Die abortative Wirkung ist schon seit dem Altertum bekannt. Die Pflanze gilt auch als Aphrodisiakum - wohl wegen der durchblutungsfördernden Eigenschaften auf den Unterleib. Seit dem Altertum gilt die Raute als antidämonisch und als gutes Antidot. Vermischt mit Salbei soll sie dem Wein die schädliche Wirkung nehmen. Der Raute wurden aber auch antaphrodisierende Kräfte beigemessen: »ihr Genuß soll die Zeugungsfähigkeit beeinträchtigen, zur Unterdrückung von wollüstigen Träumen und gegen Samenfluß wirksam sein.« (Marzell 1922: 75) Hieronymus Bock empfahl die Pflanzen deswegen den Mönchen:

> »Das sollten alle closter- und ordensleut, welche keusch sein wöllen/und reinigkeit zu halten vermessenlich geloben, stets in irer speiß und drank brauchen.«

Die Raute enthält bis 0,7% ätherisches Öl (Phenolen, Methylketonen, Terpenen), bis 1,4% Alkaloide (Skimmianin, Kokusaginin, Graveolin, Graveolinin, δ-Fagarin,

Dictamnin, Ribalinium, Arborinin und Harmalin), Fucomarine, Gerb- und Bitterstoffe, Fruchtsäuren, Vitamine und Harz.

Abb. 19 Raute (Holzschnitt von Leonard Fuchs, 1545).

SAFRAN (*Crocus sativus*)

Safran ist eine sterile Kulturpflanze, die seit alten Zeiten im Orient angebaut wird. Im alten Ägypten und Griechenland schrieb man dem Safran große Heilkräfte zu und benutzte ihn bereits als Gewürz. Es werden nur die in der Sonne getrockneten Blütengriffel verwendet. In der ayurvedischen Medizin wird Safran bei Schnupfen, Sinusitis und Bruststauung verwendet; gilt aber auch als Nervenberuhigungsmittel. In der islamischen Medizin werden dem Safran die Qualitäten *heiß* und trocken zugeschrieben:

Abb. 20 Safrankrokus (Holzschnitt von Leonard Fuhs, 1545).

> »Er ist ein ausgezeichnetes Mittel für das Blut und für die Stärkung der Seele. Er erleichtert Gelenkschmerzen und verstärkt in jungen Männern den Geschlechtstrieb.« (Moinuddin 1984: 99)

Früher wurde Safran in kleinen Mengen zur Kräftigung des Uterus und gegen Regelstörungen in galenischen Auszügen benutzt. Nach Ansicht der Griechen hat Safran die Eigenschaft, die sinnliche Begierde des weiblichen Geschlechts anzustacheln. »Im deutschen Volksaberglauben gilt der Safran als geschlechtlich erregende wie als abtreibende Pflanze ... Seine Blüten sollen nur von Männern und Knaben gepflückt werden, nie von Frauen und mannbaren Mädchen, weil durch deren menses die Safranfäden verwelken und ihre färbende Kraft verlieren.« (Aigremont 1986: 47) Nach modernen toxikologischen Untersuchungen sind Frauen beim Pflücken von Safrannarben tatsächlich selbst gefährdet: sie können leicht ohnmächtig werden, Uterusblutungen und geschwollene Gliedmaßen bekommen. Safran enthält Farbstoffe und ätherisches Öl mit Crocin, Picrocrocin und Safranal. Das ätherische Öl hat merkwürdige psychoaktive Wirkungen: »betäubende Wirkung auf das Gehirn, schlafbringend, erzeugen Kopfschmerzen, heitere Delirien und lähmen motorische Nerven. Blindheit. Eigentümlicher Orgasmus.« (Roth et al. 1984: IV-1.C, 81) Im 18. und 19. Jahrhundert wurde Safran als Rauschmittel verwendet:

> »in seinen Wirkungen nähert sich der Safran dem Opium; in kleinen Dosen excitiert er, heitert auf und erregt Lachen ... in großen Dosen dagegen betäubt er, macht Schlaf, Sopor. So z.B. erheitert schon eine Gabe von fünf bis acht Gran des Pulvers einen Erwachsenen, dagegen zehn bis zwanzig Gran ihn bald betäuben und in tiefen Schlaf versenken.« (Most 1973: 536)

SANDELHOLZ (*Pterocarpus santalinus*)

Das rote Sandelholz ist eigentlich kein Gewürz, wird aber in orientalischen Rezepturen für Gewürzmischungen verwendet. In Indien und Tibet schreibt man ihm eine gute Heilkraft zu. Der Duft soll Erkältungen vertreiben und die Säfte anregen. In der europäischen Heilkunde gilt die Droge als wirkungslos. Sie wird nur wegen der schönen Farbe zu blassen Teemischungen beigefügt. Rotes Sandelholz enthält Farbstoffe, etwas ätherisches Öl (Cedrol, Pterocarpol, Eudecmol, Sesquiterpenene).

STEPPENRAUTE (*Peganum harmala*)

Die Samen der Steppenraute, die in Vorderasien und in Nordafrika wächst, werden im Orient seit alters her als Aphrodisiakum, Heilmittel und seltener als Gewürz geschätzt. Die Samen werden aphrodisierenden Ölen beigefügt. Dioskuriedes vergleicht die Wirkung mit der der Raute. Die Steppenraute enthält vor allem Harmalin und Harmin, die beide als MOA-Hemmer wirken; auch Harmalol, Harmidin und die Chinazolin-Alkaloide (Yasicin, Vasicin, Vasicinon, Pegalin und Tetrahydoharman).

TAMARINDE (*Tamarindus indica*)

Der Tamarindenbaum stammt aus Indien. Das Gewürz ist eine klebrige Masse, die aus den Fruchtschoten gewonnen wird. Es wird viel in der indischen Küche verwendet (Chutney). In der ayurvedischen Medizin ist Tamarinde ein gutes Heilmittel: »Der frische Fruchtfleischsaft, mit Zucker und etwas Salz gemischt, wird bei Sonnenstich, Fieber, Gallenbeschwerden und akutem Durchfall verabreicht. Er ist wirksam als Gegenmittel bei Vergiftung durch den Stechapfel (*Datura stramonium*) und auch bei Alkoholvergiftung und Alkoholrausch.« (Udupa & Tripathi 1980: 191) Im Ananga-Ranga wird Tamarinde als äußerliches Aphrodisiakum genannt:

> »Nimm Tamarindenfrucht, zerstoße sie in einem Mörser mit Honig und Sindura (Bleirot, Minium, Zinnober oder quecksilberhaltigem Schwefel) und verwende die Masse wie

vorstehend [Wenn man dieses Präparat vor dem Koitus auf den Lingam aufträgt und dann so tief wie möglich bei der Frau eindringt, wird das Mittel einen Orgasmus hervorrufen und sie deinem Willen gefügig machen].«

Tamarinde enthält Vitamine, Fruchtsäuren, Zucker, Pektin und Mineralien.

TEUFELSDRECK (*Ferula asa-foetida*)

Teufelsdreck oder Asafoetida ist das Harz des Stinkasants, der in Asien wächst. Das Harz riecht beißend-knoblauchartig und wird nur sehr sparsam als Gewürz verwendet. In der ayurvedischen Medizin gilt Asafoetida als ein anregendes, auswurfförderndes und aphrodisierendes Mittel. Es entfacht *Agni,* das innere Feuer, lindert Schmerzen und entfernt Toxine (Lad 1986: 149). Häufig ist der Gebrauch als Heilmittel und Aphrodisiakum:

> »Das am häufigsten in der tibetischen Medizin verschriebene Heilmittel bei Impotenz ist *shing-kun* (*Ferula asa-foetida*). Es ist bei Heilern als 'bestes' Mittel bekannt. Das am Wurzelstock abgesonderte Harz wird gesammelt, gereinigt und in Wasser gekocht. Dann wird es in Milch gegeben und getrunken. Asafoetida wird aber nicht nur als Heilmittel bei Impotenz und einigen psychischen Erkrankungen eingesetzt, es wird auch als Aphrodisiakum verwendet. Viele mentale Erkrankungen des Menschen können nach tibetischer Theorie durch aktive Sexualität behandelt und geheilt werden.« (Müller-Ebeling & Rätsch 1986: 39f)

In der europäischen Volksheilkunde hat sich seit dem Mittelalter der Gebrauch von Teufelsdreck als Heilmittel bei Geisteskrankheiten, Hysterien und Neurosen erhalten. Dabei wird eine Tinktur namens *Aqua foetida antihysterica* aus Teufelsdreck und Myrrhe getrunken.

Kleine Dosen wirken anregend:

> »Das Harz beschleunigt den Kreislauf und erhöht den Blutdruck. Nach Einnahme einer Dose von 0,6-1,2 g des pulverisierten Gummiharzes verspürt man beinahe augenblicklich eine angenehme Wärme im Körper. Ich rechne das Mittel nicht zu den Aphrodisiaka, messe ihm jedoch zeitlich begrenzte Verjüngungskräfte mit aphrodisischen Eigenschaften zu.« (Stark 1984: 117).

Höhere Dosen können leicht toxisch sein:

> »Nach größeren Dosen des Mittels wurden Schwellungen der Lippen, Störungen des Verdauungskanals mit stinkendem Aufstoßen, mit Meteorismus und Diarrhöe beobachtet; auch ein Benommensein des Kopfes und Kopfschmerzen, Schwindel und Erhöhung des Geschlechtstriebes können durch Asa erzeugt werden.« (Roth et al. 1984. IV-1.F, 7)

Asafoetida besteht zu 24-65% aus Harz (Asaresin), 25-30% bassorinartigem Gummi und 6-20% ätherischem Öl, dem Oleum Asae foetidae. Duchschnittsdosis 0,4-1 g.

ZIMT (*Cinnamomun zeylanicum*)

Der Zimtbaum wird seit alters her in Asien angebaut. Zimt ist die getrocknete Rinde. Sie wird fast allen orientalischen Gewürzmischungen beigegeben. In der ayurvedischen Medizin ist Zimt eine Art Allheilmittel.

> »Zimt ist ein gutes Mittel zur Entgiftung und schafft Frische, stärkt das Gewebe und erhöht dessen Spannkraft ... Zimt entfacht *Agni*, fördert die Verdauung und hat eine natürliche reinigende Wirkung. Es regt auch die Schweißabsonderung an. Es ist ein gutes Mittel, um Erkältungen, Kongestionen und Entzündungen zu lindern. Zimt, Kardamom, Ingwer und Nelken werden zusammen als Tee bei Husten, Kongestionen und zur Verdauungsförderung verwendet.« (Lad 1986: 152)

U.a. reguliert Zimt »den Menstruationszyklus und sorgt für das Zusammenziehen der Gebärmutter nach der Entbindung. Zimttee oder -pulver wird bei Infektion der Harnwege und bei Gonorrhoe bei Männern verschrieben« (Udupa & Tripathi 1980: 172). Seit dem Altertum gilt Zimtöl (meist aus den Blättern gewonnen) als äußerliches Aphrodisiakum. In der islamischen Medizin gilt das Öl als gutes Heilmittel bei Verdauungsstörungen.
Zimt wirkt auch berauschend: »Es gibt Zimtsorten, die geraucht (Canel-Zigaretten) in den 30er Jahren ähnliche Erscheinungen wie Marihuana bei Hollywood-Mädchen hervorgerufen haben.« (Roth et al. 1984: IV-1.C, 45)
Zimt enthält 0,5-2,5% ätherisches Öl mit dem Hauptbestandteil Zimtaldehyd und Eugenol. Das ätherische Öl besitzt antibakterielle und fungizide Eigenschaften.

ZITWER [1] (*Artemisia cina*)

Zitwer oder Zitwerbeifuß wächst in den Steppengebieten Turkestans und Rußlands. Früher war Zitwerkraut ein beliebtes Wurmmittel für Kinder. Als Gewürz wird es kaum verwendet. Die wurmtreibende Wirkung gilt schulmedizinisch als gesichert (Chrubasik 1983: 140). Das in alten Quellen *Zitwer* genannte Gewächs ist meist als Kalmus zu identifizieren.
Zitwer enthält Santonin, Artemisin (Bitterstoff) und ätherisches Öl.

ZITWER [2] (*Curcuma zedoaria*)

Die Zitwerwurzel oder *zeduar* (pers.) oder Zodoria ist eine uralte indische Kulturpflanze aus der Familie der Ingwergewächse. Die persischen und arabischen Ärzte empfahlen die Wurzel als Gegenmittel gegen Gifte aller Art. Im Orient wurde sie sehr als Gewürz geschätzt. Maimonides führt sie unter den Aphrodisiaka. Im Mittelalter verwendete man die Zitwerwurzel als Digestivum, Stomachikum und Antidotum universalis. Die Wurzel galt in der Volksmedizin als sexuell erregend und wurde bei Hysterie genommen; sie galt auch als gutes Mittel bei Verdauungs-

törungen aller Art (vgl. Most 1973: 525) Heutzutage ist Zitwerwurzel oft ein Hauptbestandteil der sogenannten Schwedenbitter.
Zitwerwurzel enthält ätherisches Öl mit Sesquiterpenalkoholen, Zingeberen und Cineol.

Die meisten der verwendbaren Gewürze gelten als aphrodisierend, anregend, tonisierend und kräftigend:

Anis	Muskat
Betel	Myrrhe
Chilli	Nelken
Galgant	Schwarzer Pfeffer
Kalmus	Langer Pfeffer
Kardamom	Safran
Kokosflocken	Steppenraute
Koriander	Tamarinde
Kreuzkümmel	Teufelsdreck
Kubebenpfeffer	Zimt
Kürbissamen	Zitwer
Mandeln	

Einige der Gewürze regulieren und beeinflussen die Verdauung:

Aloe	Kurkuma
Ingwer	Myrrhe
Galgant	Olibanum
Kalmus	

Manche Gewürze sind in bestimmten Dosen psychotrop:

Kalmus	Olibanum
Kampfer [1]	Steppenraute
Kardamom	Teufelsdreck
Muskat	Zimt
Nelken	

Die Gewürze sind also primär wegen ihrer pharmakologischen Wirkungen in das Rezept der Orientalischen Fröhlichkeitspillen aufgenommen. Sie wirken direkt stimulierend auf den Körper ein, fördern die Resorption der psychoaktiven Substanzen (Opiate, Cannabinole, Tropan-Alkaloide) und heben etwaige Nebenwirkungen auf:
- Tamarinde und Kokosflocken wirken der Toxizität der *Datura* entgegen.
- Aloe, Myrrhe, Olibanum und Kreuzkümmel wirken der verstopfenden Eigenschaft des Opiums entgegen.
- Anis, Ingwer und Galgant regen die Magensäfte an und wirken so der durch Opium oder Cannabis ausgelösten Magenträgheit entgegen.

- Zimt und Kürbissamen heben die antidiuretische Wirkung des Cannabis auf. Durch die Gewürze wird also die Verträglichkeit der eingenommenen Substanzen enorm erhöht.

Ingredienzien tierischer und mineralischer Herkunft

In vielen Vergleichrezepten werden auch tierische und mineralische Bestandteile genannt. Sie sollen vorgestellt und in ihrer ethnopharmakologischen Bedeutung untersucht werden.

a) Ingredienzien tierischer Herkunft

AMBRA

Ambra, Ambergris (»grauer Bernstein«) oder grauer Amber ist ein Stoffwechselprodukt des Walratwals (*Physeter macrocephalus*), das durch eine Verfettung der Darmsysten entsteht. Wenn der Wal stirbt oder sich erbricht, kann die leichte, fettglänzende Masse angetrieben werden. Es gilt seit dem Altertum als aphrodisierender Duftstoff und wurde deswegen sehr teuer gehandelt:

> »In der arabischen, indischen und chinesischen Medizin hat man diese wohlriechende Substanz als Aphrodisiakum und auch zur Behandlung von Herzbeschwerden, gegen übermäßige Harnausscheidung (Diurese), Asthma und einige Darmkrankheiten benutzt. Die Chinesen wandten es außerdem als kreislaufförderndes Mittel und zur Anregung der Samen- und Rückenmarkbildung an. In Indien reichte man 300 mg bis 900 mg zur Linderung allgemeiner Erschöpfungszustände und als krampfstillendes Mittel.« (Stark 1984: 26)

Im Mittelalter wurde der Duft von Ambra bei Impotenz als Heilmittel empfohlen. Seither wird es vor allem in der Parfumindustrie verwendet und fällt in die animalische Familie (Rimmel 1985: 288).

Angeblich hat Paracelsus ein Rezept für ein Aphrodisiakum auf der Basis von Ambra hinterlassen:

> »One ounce each crushed cinnamon and ginger, 1/3 ounce cloves and vanilla pods, and 2¼ pounds raw sugar, all steeped in a bottle of red Burgundy for five days. This mixture is then strained through a cloth and poured through a funnel containing a sachet of 1½ grains ambergris, 1/3 grain pure musk, and 1/7 ounce rock candy. An ounce of the result is then added to whatever wine is in the glass.« (Selden 1979: 164)

BEZOARSTEIN

Bezoarsteine entstehen in den Eingeweiden verschiedener Tiere (Rinder, Pferde, Affen, Wildschweine, Lamas, Ziegen) wenn kalkige Materialien akkumulieren und sich um einen harten Gegenstand (z.B. einen Fruchtkern) konkretisieren. Bezoarsteine kommen in verschiedenen Größen und unterschiedlichen Färbungen vor. Meist sind sie etwa haselnußgroß, manchmal erreichen sie auch die Größe eines Hühnereis. Seit dem 11. Jahrhundert gelten diese Steine als die besten und universellsten Gegengifte. Ihr Name *bezoar* bedeutet »der Wind des Atems des Giftes«. In der arabischen Heilkunde galten die Steine als wirksamstes Gegengift gegen alle Gifte. Der Ruhm drang im Mittelalter nach Europa. In der Renaissance waren besonders die Bezoarsteine aus den Eingeweiden der wilden persischen Ziege gefragt. In den Apothekenlisten des 18. Jahrhunderts wurden sie unter dem Namen *Lapis Bezoar Orientale* als Gegengift gegen alle Gifte geführt (Tichy 1979: 27-29).

BIBERGEIL

Bibergeil oder Castoreum ist ein Stoffwechselprodukt des männlichen Bibers, das sich an den Innenwänden der Geil- oder Kastorsäcke absondert. Dem Bibergeil wurde eine aphrodisische Qualität zugeschrieben, aber es wurde nur selten alleine benutzt. Im 19. Jahrhundert wurde Bibergeil mit Asafoetida (Teufelsdreck), Opopanax (*Ferula opopanaz* oder *Opopanax hispidus*), Galbanum (*Ferula galbaniflua*), Moschus, Ambra, Orangenblüten und Kampfer [2] gegen Krämpfe und Nervenleiden benutzt (Henglein 1985: 65). Der dadaistische Dichter Edgar Firn/Daimonides (= Karl Döhmann, 1892-1982) hat dem Bibergeil eine ganze erotische Gedichtsammlung gewidmet (1983).
Heutzutage wird Bibergeil mitunter den sogenannten Schwedenbittermischungen zugesetzt.

EINHORN

Das Horn des Einhornes, jenes mythischen Geschöpfes, dessen physische Existenz kaum anzunehmen ist, galt seit dem Altertum als wundertätige Medizin, phantastisches Aphrodisiakum und universelles Gegengift (Robertson 1926). Im Mittelalter war die Hochzeit des Einhorns:

> »Das Einhorn hat die alles überwindende Kraft des Herrn bedeutet und zugleich die Demut, die sich in das sündige Gewand der Menschheit hüllt. So konnte es, als Wappen, Zeichen von Kraft und Mut des Ritters sein, aber auch Sinnbild klösterlicher Einsamkeit. Indem das Einhorn durch den Sohn in Beziehung zur Jungfrau tritt, wird es zum Sinnbild der Keuschheit. Aber seiner unbändigen Kraft wegen verkörpert es auch unbändige

Wollust, und so bricht hier der uralte Gebrauch des Horns als Aphrodisiakum in anderer Weise wieder durch.« (Beer 1972: 9)

In den mittelalterlichen und frühneuzeitlichen Apotheken wird Einhornhorn als Medizin und Liebeszauber geführt. Es galt vor allem auch als Gegengift; etwa bei Hildegard von Bingen und bei Dr. Conrad Gesner (1516-1565):

»Nun, das echte Einhorn ist gut gegen alles Gift und besonders, wie etliche sagen, das, so von den im Meere gefundenen Inseln kommt. Und die Erfahrung hat ergeben und gezeigt, daß einer, der Gift gegessen, schon aufgeschwollen, ein wenig Einhorn eingenommen, gesund geworden.«

Das pulverisierte Horn wurde in Wein eingenommen, aber auch mit anderen Materialien kombiniert: Bernstein, Elfenbein, geschlagenes Gold, Koralle, Meerträubel (*Ephedra sp.*) und Zimt. Der Gebrauch des Einhorns als Medizin ist nicht nur auf Europa beschränkt:

»Aber weithin zwischen China und der atlantischen Küste Südwesteuropas scheint das Einhorn bis an die Gegenwart heran, ja vielleicht bis in die Gegenwart hinein sich als Heilmittel, als Mittel zur Stärkung der Liebeskraft, mit seiner markanten phallusartigen Form auch als drastisches Liebessymbol zu behaupten.« (Beer 1972: 181)

Von der Natur/art vnnd eygenschafft der Thier/welcher namen anfahet inn frembden sprachen/darmit sie vonn den alten genant worden am Buchstaben V.

Unicornis ein Einhorn.

Vnicornis ein Einhorn/ist bei vns ein frembd vnbekandt thier/ zimlicher grösse/doch gegē seiner treflichen stercke zu rechnen/nit groß von leib/ von farben gelbfarb wie buxbaumen holtz/hat gespalten kloen/ wonet im gebirg vñ hohen wildtnussen/hat vornen an der stirn ein seht lang scharpff horn/welches es an den felsen vnd steinen scherpffet/durchsticht darmit die

D iij grossen

Abb. 21 Alte Darstellung des Einhorns aus dem Tierbuch des Albertus Magnus (1545).

GHEE

Ghee oder Butterschmalz entsteht, wenn der Butter durch schwache Hitze alles Wasser entzogen wird. Ghee ist härter als Butter und besser haltbar. Es schmilzt bei höherer Temperatur, wird nicht ranzig und wird beim Erhitzen nicht schwarz. Ghee ist in vielen orientalischen Rezepten die Trägersubstanz für medizinische Gewürze und Kräuter. In der ayurvedischen Medizin wird dem Ghee eine starke medizinische Wirkung und Nutzbarkeit zugeschrieben:

> »Es ist ein hervorragendes appetitanregendes Mittel, das *Agni* entfacht und auch den Geschmack der Speisen steigert. Da es die Absonderung der Verdauungssäfte anregt, fördert es auch die Verdauung. *Ghee* hilft auch die Intelligenz, Verständnis, Gedächtnis und *Ojas* zu steigern. Wenn es mit warmer Milch genommen wird, schafft es bei Verstopfung Abhilfe. *Ghee* wird zusammen mit verschiedenen Heilfplanzen verwendet, wodurch ihre Heilkräfte besser in die entsprechenden 'Gewebe' gelangen ... Es übt einen allgemeinen guten Einfluß auf Augen, Nase und Haut aus.« (Lad 1986: 154f)

In der islamischen Medizin gilt Ghee als das fetteste aller Gewürze und wird der Nahrung aus medizinischen Gründen beigegeben. Mit Honig vermischt ist es ein Antidot gegen viele Gifte.

Das Fett scheint auch die Resorption von Cannabis und Opium im Magen zu erhöhen.

HONIG

Bienenhonig ist ein altes Heilmittel und war zu allen Zeiten Bestandteil verschiedener Rezepturen. Honig war oft heilig und mit dem Göttlichen und mit esoterischen Lebensbereichen assoziiert. In der ayurvedischen Medizin ist Honig ein wichtiger Bestandteil vieler Heilmittel:

> »Diese Substanz erzeugt Hitze im Körper; daher vermindert sie *Vata* und *Kapha*. Der Geschmack ist süß und zusammenziehend. Honig ist gut zur Heilung von inneren und äußeren Geschwüren. Honig hat wie *Ghee* die Eigenschaft, die Wirkstoffe der Heilpflanzen in die entsprechenden 'Gewebe' zu transportieren, und wird daher als Medium für die vielen Substanzen eingesetzt. Honig ist ein hervorragendes blutreinigendes Mittel und hat auch einen guten Einfluß auf Augen und Zähne ... Honig und Wasser zusammen genommen erhöhen die Spannkraft des Körpers und helfen, die Nieren zu spülen.« (Lad 1986: 157)

In der islamischen Medizin ist der Honig ein heiliges Heilmittel, denn schon der Prophet selbst sagte:

> »Wenn jemand Honig ißt, dann betreten tausend Heilmittel seinen Magen und eine Million Krankheiten verläßt ihn.«

Honig wird vielen Heilmitteln zugesetzt, ist aber selbst »das Nahrungsmittel der Nahrungsmittel, das Getränk der Getränke und das Heilmittel der Heilmittel« (Moinuddin 1984: 95).

KORALLE

Wenn in Rezepten oder Abhandlungen über edle Steine von »Koralle« gesprochen wird, ist immer die rote Koralle oder Edelkoralle (*Corallum rubrum*) gemeint. Die roten Ästchen kommen in den meisten warmen Meeren vor und werden von Tauchern gesammelt. Seit dem Altertum gilt Koralle als Medizin und Amulett; sie gibt Weisheit, heilt Wahnsinn und wirkt blutstillend (Kunz 1971: 69). Korallenamulette beschützen den Träger gegen Hexerei, Zauberei und den Bösen Blick. Korallen wurden pulverisiert in Wein eingenommen.

Noch in der frühen Neuzeit glaubte man, Koralle sei ein Kraut, das auf dem Meeresgrund gedeiht. Der Londoner Physiker Theophilus Garencières veröffentlichte 1676 ein Traktat mit dem Titel *The Admirable Virtues and Wonderful Effects of the True and Genuine Tincture of Coral in Physick*. Darin wird die Rote Edelkoralle als männlich eingeordnet. Die universale medizinische Qualität der Koralle wird hochgejubelt:

> »The Tincture or Essence of Coral is the most secret and internal substance that Nature had enclosed and concealed in the Intrals of it, to preserve it from all external injuries and accidents ... [What] remaineth in the Viol is not to be thrown away, for out of it by chymical art may be extracted the Salt of Coral which in all respects emulaleth and cometh very near the Tincture except in the curing of malignant and pestilential diseases.« (zit. nach Robertson 1926: 245)

Garencières empfiehlt die Tinktur besonders auch als Gegengift zur Spanischen Fliege und zur Heilung der durch Cantharidin-Vergiftung auftretenden Symptome. Koralle besteht hauptsächlich aus Kalziumkarbonat, etwas Magnesiumkarbonat und verschiedenen Spurenelementen.

MOSCHUS

Moschus stammt hauptsächlich von dem *kasturi* genannten himalaischen Moschushirsch (*Moschus moschiferus*). In der Brunstzeit produziert der kleine Hirsch in seinem Moschusbeutel, einer Drüse zwischen Genital- und Analbereich ein Sekret, das als Moschus in den Handel kommt. Moschus galt schon in der prä-ayurvedischen Medizin als Aphrodisiakum und Allheilmittel (Seth et al. 1975). Im Ayurveda und Tamil wurde es als aphrodisierendes Tonikum geschätzt. Es wurde oft mit Opium vermischt und in Wein getrunken (Müller-Ebeling & Rätsch 1986: 181). Das Ananga-Ranga nennt eine Reihe von aphrodisischen Salben und Parfümen, die Moschus enthalten:

> »Zerreibe Kasturi (Moschus), Naga-keshar, Shila-ras (Benzoe oder Olibanum, das angeblich aus Stein ausgeschwitzt wird), Ganerikapur (Kampferart), Muskatnuß und Lohban [Weihrauch], mische es mit dem Saft von Betelblättern und trage es auf den Körper auf. Dieses Parfüm wird von den Rajahs geschätzt, folglich von allen Männern.«
> »Nimm von vorstehenden genannten Drogen in folgenden Mengenverhältnissen: einen Teil Nagar-motha, zwei Teile Costus, Lobhan und kapur, vier Teile Harada, fünf Teile Shila-ras und neun Teile Nakhla. Diese Salbe, die Kasturi-dul (ein Stück Moschus)

genannt wird, ist wahrscheinlich diejenige, die den Rajahs am besten gefällt.«

»Pulverisiere zusammen Kasturi (Moschus ...) und Holz vom gelben Tetu. Vermenge es mit zwei Monate altem Honig und trage diese Substanz vor dem Beischlaf auf deinen Lingam. Das Mittel wird den gleichen Erfolg haben [er wird zum Herrn der Frau].«

Im alten China war Moschus oft Bestandteil von Lenzmitteln, sogenannten »Medizinen, die gut für Yin und Yang sind«. Ein Rezept nennt Ginsengwurzel, Ingwer, Opium, Moschus und Shrimps (Müller-Ebeling & Rätsch 1986: 48). Noch im modernen China werden Moschuskugeln als aphrodisierende Tonika verkauft. Sebastian Rätsch hat 1986 in Peking eine Flasche mit Moschuskugeln erstanden. Überall im Orient ist Moschus mit himmlischen Wonnen und erotischen Ekstasen verbunden. So werden dem gläubigen Mohammedaner im Paradiesgarten moschusberauschte Freuden versprochen:

»... zu letzt werden sie in das im Siebenten Himmel unter dem Thron Gottes gelegene Paradies eingehen. Die Erde dieses entzückenden Ortes besteht aus reinem Weizenmehl, vermischt mit Safran und Moschus; Perlen und Hyacinthen sind seine Steine, und seine Paläste sind aus Gold und Silber erbaut. In dem Zentrum steht der wunderbare Baum namens *Tuba*, der so groß ist, daß ein mit dem schnellsten Pferd berittener Mann in hundert Jahren nicht um seine Ausläufer reiten könnte. Dieser Baum spendet dem ganzen Paradies nicht nur den wohltuendsten Schatten, sondern seine Äste sind mit den köstlichsten Früchten von einer den Sterblichen unbekannten Größe und Geschmack beladen, und sie beugen sich auf Wunsch der Bewohner dieses glücklichen Ortes von selbst nieder ... Von allen Attraktionen dieser Sphären der Wonne wird jedoch keine ihren schönen Bewohnerinnen, den schwarzäugigen Houris, gleichen - die die Aufrechten zu ihren Wohnungen geleiten, indem sie parfumierte Tücher vor ihnen schwenken und ihnen mit Lächeln und Schmeicheleien all ihre Plagen und Mühsal entgelten. Diese schönen Nymphen werden die Vollkommenheit selbst sein; sie werden nicht aus unserer eigenen, vergänglichen Erde, sondern aus *reinem Moschus* erschaffen sein.« (Rimmel 1985: 155f)

Dem Moschus wurden auch berauschende Eigenschaften zugesprochen:

»... Bist du Moschus oder Ambra,/Daß mich dein Duft zur Trunkenheit entmannt?« (Sa'di)

oder:

»Leila hielt den moschusriechenden Wein in der Hand, Madschnun hatte den Wein nicht getrunken und war doch betrunken vom Duft ...«

In der islamischen Medizin hat Moschus einen festen Platz; es wird zur Heilung des Herzens und bei Störungen in den Geschlechtsorganen verwendet (Moinuddin 1984: 160).

Seit dem Mittelalter wurde auch in Europa Moschus als Aphrodisiakum geschätzt. Johann-Friedrich Osiander empfahl in seinem Buch *Volksarzneimittel und einfache, nicht pharmazeutische Hilfsmittel gegen Krankheiten des Menschen* den Geruch von Moschus und Ambra gegen Impotenz. Moschus wird gelegentlich mit Cannabis zusammen als Aphrodisiakum geraucht (Müller-Ebeling & Rätsch 1986: 181). Moschus enthält den Duftstoff Muscon, der im Menschen als Pheromon (Sexuallockstoff) wirkt und dem männlichen Sexualhormon Testosteron ähnelt.

Abb. 22 Chinesischer Holzschnitt, der die Jagd nach dem begehrten Moschushirsch darstellt (nach Rimmel).

ÄGYPTISCHE MUMIE

In der frühen Neuzeit wurden mehr und mehr ägyptische Mumien von Juden nach Europa gebracht, die dort in den Apotheken in Tinkturen verwandelt wurden. Diese Tinkturen galten als Allheilmittel und Aphrodisiaka. »It is also given in epilepsies, vertigoes, and palsies. The dose is two drachms in powder, or the same made into a bolus. It also stops mortifications, heals wounds, and is an ingredient in many compositions.« (Thompson 1897: 169) Pomet führt fünf Arten von medizinisch nutzbaren Mumien an:

1. The true Egyptian.
2. Factitious, or those in which bitumen and pitch were used in the process of embalming.
3. The Arabian. Bodies embalmed with myrrh, aloes and other aromatic gums.
4. Bodies dried in the sun in the country of the Hammonians, between Cyrene and Alexandria, being mostly the bodies of passengers buried in the quicksands.
5. Artificial mummies. (zit. nach Thompson 1929: 213)

Es sind verschiedene Rezepte zur Herstellung der Tinktur überliefert:

> »The chief preperations of mummy in the pharmacopaeas of the time, were a tincture, a treacle, an elixir and a balsam. The latter was prepared by mixing and digesting for a month, half a pound of the tincture with Venice treacle 4 ounces, Salt of Pearl 2 drachms, Coral 2 drachms, Terra Sigillata 2 ounces and Musk 1 drachm. This mixture was said to have such 'a piercing quality that it pierceth all parts, restores wasted limbs, hecticks, an cures all ulcers and corruptions'.« (Thompson 1929: 215)

PERLE

Perlen entstehen hauptsächlich in Perlaustern (*Pinctada margaritifera*), aber auch in anderen Mollusken (z.B. in *Mytilus sp., Pinctada maxima, Nautilus sp., Haliotis spp.*). Perlen sind Konkretionen, die um eingedrungene Fremdkörper gebildet werden.
Perlen werden seit alters her in der Medizin verwendet. Sie gehören zu den hochgeschätzen Aphrodisiaka des alten Indiens und sind Bestandteil vieler alter Gegengifte. Sie werden meist zerrieben oder in Essig aufgelöst und eingenommen.

SPANISCHE FLIEGE

Die Spanische Fliege oder Cantharides ist ein Ölkäfer (*Lytta vesicatoria*). Der Käfer ist in warmen und substropischen Zonen weitverbreitet und seit dem Altertum als Aphrodisiakum und Gift bekannt. In Ägypten wurden die Käfer zur Herstellung von Pflastern gebraucht. In Griechenland wurden die Käfer in Wein gelegt und zur Behandlung vieler Leiden benutzt (Klausnitzer 1981: 74-76). In Indien wurden pulverisierte Käfer mit Datura vermischt eingenommen. In China werden Spanische Fliegen mit Safran, Zimt, Muskatnuß, Nelken und Kubebenpfeffer mit Honig vermischt zu Sirup verarbeitet (Selden 1979: 171). Im Mittelalter und der frühen Neuzeit wurden Spanische Fliegen praktisch allen Liebestränken beigemischt. Sie wurden oft mit Opium kombiniert, da beide das Gegengift für das jeweils andere waren. Später mischte man Spanische Fliege auch mit Amber, Nelken, Schokolade und Champagnae.
Obwohl der Wirkstoff Cantharidin sehr toxisch ist, wurden Spanische Fliegen bis ins 20. Jahrhundert hinein als Medikament geführt. In Haegers *Handbuch der Pharmazeutischen Praxis* von 1949 wird folgendes geschrieben:

> »Cantharidin wirkt stark reizend auf die Harnwege. Schon geringe Mengen rufen gefährliche Vergiftungen hervor, wobei es zu Albuminurie, Hämaturie, Cystitis usw. kommt, ferner Dysurie, Strangurie, schmerzhafte Erektionen. Bei schweren Fällen kommt es zu Respirationsstörungen, Krämpfen und akuter Gastroenteritis. Innerlich früher als Aphrodisiacum und Diureticum, jetzt aber nicht mehr in Gebrauch, weil die zuweilen erreichten, anscheinend erotischen Erscheinungen eben nichts anderes als Zeichen schwerer Erkrankungen der Harnwege sind ... Anwendung am Menschen heute obsolet.«

Als tödliche Doses werden 2-3 g der Käferdroge oder 0,04-0,08 g Cantharidin angegeben.

WELS

Echte Welse (Familie *Siluridae*) leben im Süßwasser und kommen hauptsächlich in Malaysia, Sumatra und Borneo, aber auch in Indien und Afrika vor. Die männlichen Welse zeichnen sich durch Barteln aus. Der mächtigste Wels aus dem südostasiatischen Raum ist *Wallagonia attu*. Er wird bis zu 2 m lang und ist ein zwar gefürchteter, aber gerne gegessener Fisch. Seine Innereien werden auch zur Herstellung von Medizinen benutzt.

b) Mineralische Ingredienzien

AUGSTEIN

Augstein oder Zinkvitriol ist Zinksulfat ($ZnSO_4.7H_2O$). Augstein ist ein leicht lösliches Salz und wurde im Mittelalter vielen Arzneien zugesetzt. Es wird durch Rösten der Zinkblende (ZnS) an der Luft hergestellt oder aus Zinkoxyd und Schwefelsäure. »Zinkvitriol dient in der Medizin als Zincum sulfuricum wegen seiner eiweißfällenden Wirkung als mildes Ätz- und Desinfektionsmittel ... Im Magen wirken alle löslichen Zinkverbindungen brechenerregend.« (Hofmann & Hofmann 1949: 505) In geringen Dosen kann Zinkvitriol sicherlich bei Zinkmangelerscheinungen nützlich sein:

> »Im Verlaufe eines Zinkmangels können zahlreiche krankhafte Veränderungen auftreten. Bei Jugendlichen im Iran und Ägypten wurden Wachstumshemmung, Anämie, Hypogonadismus, verminderte Wundheilung, Apathie, Lethargie, Hepatosplenomegalie sowie eine graue Hautpigmentierung einem ursächlichen Zinkmangel zugeordnet. Weitere klinische Syptome eines Zinkmangels sind Geruchs- und Geschmackverminderung, Intensionstremor, Ataxie, Mundulcera, Nachtblindheit, Anorexie, psychische Veränderungen. Bei Männern kann es zu Potenzstörungen sowie zu einer Oligospermie kommen.« (Zumkley 1983: 117)

Zink ist wichtig in der Produktion des Dihydrogentestosteron (DHT), dem aktiven Enzym des männlichen Hormons Testosterons. Um die Biochemie der Sexualität aufrechtzuerhalten ist Zink lebenswichtig (Walker & Walker 1983: 66). In den USA herrscht deswegen die populäre Meinung, Zink sei - als Spurenelement genossen - potenzsteigernd, verjüngend und gedächtnisstärkend.

BORAX

Bor kommt in der Natur hauptsächlich in dem Mineral Borax ($Na_2B_4O_7$. 10 H_2O) vor. »Aus den hochgelegenen Seen des inneren Tibet gelangten schon vor Jahrhunderten beträchtliche Mengen Borax unter dem Namen Tinkal in den Handel« (Hofmann & Hofmann 1949: 360). Borax wird in verschiedenen erotischen Rezepten im Ananga-Ranga genannt:

»Nimm zu gleichen Teilen Honig, Ghee (zerlassene, geklärte Butter), rohen Borax wie vorstehend und den Saft von Agasta-Blättern. Zerstampfe es und trage es [auf den Lingam] auf.«

In der islamischen Medizin wird Borax bei Hämorrhoiden, Verstopfung, Durchgang von hartem Stuhl mit Blut und unangenehmen Empfindungen beim Sitzen benutzt. Dazu werden Hennablätter zermahlen, mit Wasser aufgeschwemmt und mit gebranntem Borax versetzt (Moinuddin 1984: 114).

Seit dem Mittelalter wird Borax als Aphrodisiakum geschätzt; der Arzt Nicholas Venette hat in seinem Buch *Tableau de l'Amour conjugal* aus dem 17. Jahrhundert darüber geschrieben:

»Geläuterter Borax gehört zu jenen Mitteln, die die Begierde wecken ... wenn Mercuriel uns versichert, daß es stark auf die geschlechtlichen Triebe sowohl der Frauen als auch der Männer wirkt, die Männer sogar in einen Zustand der Weibstollheit versetzt, falls übermäßig genossen, so sollten wir seinem Rat folgen und dieses Mittel nur genügsam anwenden.« (zit. nach Stark 1984: 36)

Borax wird medizinisch genutzt:

»Borsäure [$B(OH)_3$] und Borax wirken schwach desinfizierend, ohne ätzende Eigenschaften, und werden deshalb in der Medizin als 3%ige Lösungen bei katarrhalischen Erkrankungen der Augen und des Rachens, ferner als Borwatte sowie als Streupulver gegen die Fäulnis von Fußschweiß angewendet.« (Hofmann & Hofmann 1949: 362)

Volksmedizinisch wurde Borax von Hebammen als krampflösendes und wehenförderndes Mittel gebraucht (Most 1973: 96).

EDELSTEINE

In der Antike wurden in Griechenland und Persien verschiedene Mineralien als Aphrodisiaka und Liebesamulette benutzt: Rubin, Gold, Selenit, Bernstein, Achat, Topaz.

In der indischen Medizin werden Edelsteine - besonders Achat, Amethyst, Beryll, Diamant, Edelkoralle, Granat, Karneol, Lapislazuli, Lapis Linquis, Mondstein, Opal, Perle, Rubin, Saphir und Topaz - therapeutisch genutzt:

»Die heilende Energie der Steine und Edelsteine kann durch Tragen in Form von Ringen oder Halsketten genutzt werden, oder auch dadurch, daß sie über Nacht in Wasser gelegt werden und das Wasser am nächsten Tag getrunken wird. Edelsteine können dadurch gereinigt werden, daß man sie zwei Tage lang in Salzwasser legt.

Durch ihre positiven und negativen Schwingungen geben Edelsteine Energie ab und ziehen auch Energie an. Sie aktivieren die Energiezentren im Körper und helfen so, die Sensibilität zu entwickeln.« (Lad 1986: 165)

In der ayurvedischen Medizin gibt es eine besondere Lehre von den mineralischen Aphrodisiaka, das *Rasayana* (Douglas & Slinger 1979: 366). Danach sollten die besten *vajikarana* neben Perlen, Schnecken (*Turbinella pyrum*), Edelkoralle, Kaurischnecken (*Cypraea spp.*) und Bernstein auch Schwefel, Goldstaub, Eisenoxyd, gediegenes Kupfer, Rubin, Saphir, Smaragd, Diamant, Zinnober und Arsenik

enthalten. Diese »Edelsteine« sollten pulverisiert in Wein eingenommen werden. Im Mittelalter wurden verschiedene Edelsteine in Wasser oder Wein gelegt oder aber pulverisiert mit pflanzlichen und tierischen Drogen kombiniert. Hyacinth oder Zirkon wurde pulverisiert mit Laudanum (Opiumtinktur) bei Fieber eingenommen, um Luft und Wasser zu putrefizieren (Kunz 1971: 373). Der Smaragd barg nach Ansicht der Hildegard von Bingen die Heilkraft, Fruchtbarkeit (Sexualität) und die *viriditas,* die grünende Lebenskraft in sich (Hertzka & Strehlow 1986: 130).
Im Mittelalter gelangte das Edelstein-Elixier des damazener Arztes Mesue als Panazee zu großem Ruhm. Es bestand aus dem Pulver von Saphir, Smaragd, Hyacinth, Granat, Onyx, Perlen, Elfenbein, Edelkoralle, aus den Gewürzen Nelke, Zitronenschale, Pfeffer, Kardamom, einigen Kräutern und tierischen Drogen, sowie aus Honig und Wasser.

QUECKSILBER

Quecksilber kommt gelegentlich in gediegener Form in der Natur vor. Es ist dann in kleinen Tröpfchen in porösem Gestein oder Erz verteilt. In manchen ayurvedischen Rezepten, die auch Opium und Stechapfel enthalten, wird Quecksilber als ein wesentliches Ingredienz angegeben:

> »In der indischen Mythologie wird Quecksilber als der Samen des Gottes Shiwa dargestellt. Quecksilber fördert die Intelligenz und erweckt das Bewußtsein. Es sollte niemals für sich alleine, sondern immer zusammen mit Schwefel verwendet werden. Die Wirkung bestimmter Heilpflanzen wird um das Vieltausendfache erhöht, wenn sie zusammen mit Quecksilber und Schwefel angewandt werden. Durch diese beiden Metalle gelangen die Heilkräfte der Pflanzen zu den subtilen 'Kanälen' und 'Geweben' des Körpers.« (Lad 1986: 164)

Da Quecksilber schon in geringen Dosen toxisch ist, darf es nur in Kleinstmengen benutzt werden, und sollte vor Gebrauch mit Öl, Kuhurin, Buttermilch, Ghee oder saurem Getreidebrei erhitzt werden.

SCHWEFEL

Schwefel kommt in kristalliner Form in der Natur vor. In der ayurvedischen Medizin muß Schwefel immer mit Quecksilber kombiniert werden. In manchen Rezepten für *vajikarana* wird Schwefel neben Quecksilber mit Opium und Datura kombiniert.

Erfahrungen

»Auf die Harmonie aller Elemente ist das Leben gebaut, und wo immer sie gerissen wird, rückt in die Bresche der Tod ein.«

Nizami
Leila und Madschnun

Erfahrungsberichte oder Versuchsprotokolle mit den Orientalischen Fröhlichkeitspillen sind außerordentlich selten. Zum einen, da das Mittel im Westen praktisch unbekannt und nicht erhältlich ist, zum anderen, weil bisher keine pharmakologischen Untersuchungen dazu durchgeführt wurden.

Eine Versuchsgruppe von vier Personen hat gemeinsam folgende Komposition eingenommen:

pro Person	30 Tropfen 10%ige Opiumlösung
	0,25 g Cannabis-Harz
	5 Samen von *Datura inoxia*
	gehäufte Messerspitze Macispulver
	gehäufte Messerspitze Nelke
	gehäufte Messerspitze Zimt

Es wurde folgendes Protokoll während des Experiments verfaßt:

20:25	½ eingenommen; Geschmack angenehm, leicht anästhesierend »es wirkt auf die Darmperistaltik fördernd« »Sucht ist die Zweckentfremdung«
20:36	VP2 hat einen Muskelschmerz (hat aber wahrscheinlich nichts mit den OF zu tun) VP4 geht es hervorragend
20:40	VP2 ist müde geworden, von den Augen her VP4 hat heiße Wangen
20:45	VP1 und VP2 best. Taubheitsgefühle VP1 Verspannung im Rücken aufgelöst, mit Wärme durchspült VP3 Gefühl von Erdung, Wärme
20:50	»es ist schön, o.k., die Musik geht rein, gute Körpergefühle« VP4 hat eine aufgedrehte Kälte an den Fingern VP2: »Ich muß gestehen, 'n bischen fröhlich bin ich schon«
21:00	weder trockner Mund, noch Pinkelbeschwerden
21:05	2. Hälfte eingenommen VP2: »alle Verspannungen werden mir bewußt«
21:40	VP2: »ich hab' noch nie meinen eigenen Geruch so angenehm empfunden« - »bin geil« -

VP3: »wenn ich die Augen zumache, sehe ich nur Fickszenen«
22:00 VP4: »ich finde, die Dinger wirken ausgezeichnet«
22:10 Munchies
23:00 VP1 schläft
23:30 VP4: »jetzt bin ich wirklich etwas bedröhnt«
VP2 sieht fern; es läuft ein »ägyptischer« Monumentalfilm
VP3 sah den Film in s/w
VP2 sah ihn in Farbe (dachte, der Film sei in Farbe, nur VP3 sehe ihn in s/w; und umgekehrt)
Es scheint so, als ob die Wirkung erst jetzt richtig beginne!
Sehr aphrodisierend; VP4 stürzt sich auf VP3
»ich bin ein fliegender Teppich, getragen von Lust«

Leider wurde das Protokoll zu dem Zeitpunkt, wo die Wirkung voll einsetzte, abgebrochen.

Bei einem weiteren Experiment nahmen wiederum vier Personen folgende Komposition zu sich;

pro Person	10%ige Opiumtinktur (Laudanum)	40 Tropfen
	Rohopium	Messerspitze
	Mohnsamen	Teelöffel
	Datura-Samen	7 Stück
	Datura-Blätter	eine Prise
	Haschisch	0,2 g
	Ganja	ein Teelöffel
	Cannabis-Blätter	drei Finger
	Olibanum	ein Kügelchen
	Aloe	Messerspitze
	Myrrhe	Prise
	Nelken	Messerspitze
	Anis	kleiner Teelöffel
	Kreuzkümmel (Cumin)	kleiner Teelöffel
	Kardamom	kleiner Teelöffel
	Macis	kleiner Teelöffel
	Zimt	kleiner Teelöffel
	Galgant	Teelöffel
	Ingwer, zermahlen	kleiner Teelöffel
	Safran	0,2 g
	Koriander	kleiner Teelöffel
	Mandeln, zerhackt	Teelöffel
	Kürbissamen, zerrieben	Teelöffel
	brauner Zucker	Eßlöffel
	Butterschmalz (Ghee)	Teelöffel
	Äthanol	1 ml

Die Pillen wurden folgendermaßen hergestellt: zuerst wurden die Harze (Aloe, Olibanum und Myrrhe) in 70%igem Äthanol gelöst. Die Gewürze wurden in eine Schale gegeben. Darauf wurden die Opiumtropfen geträufelt. Dazu kamen zerbröseltes Haschisch, zerriebenes Ganja, zerhackte Cannabisblätter, zerstoßene Datura-Samen, zermahlene Datura-Blätter, die gelösten Harze, die Mandeln, Kürbissamen und der Zucker. Nachdem das Ganze gut vermischt war, wurde das Butterschmalz in der Pfanne zerlassen. In dem heißen Butterschmalz wurde die Masse geschwenkt und in kleine Schalen in Portionen geteilt. Zur Einnahme wurde grüner Tee gereicht; während der ganzen Sitzung wurde grüner Tee getrunken (um den einschläfernden Wirkungen des Opiums vorzubeugen). In der Zeit, bis die Wirkung voll eintrat (nach ca. 4 Stunden) wurden protokollarisch einige Zeilen niedergeschrieben:

»Die Schädeldecke breitet sich aus; beim nächsten Mal sollte man vorher den Kopfumfang messen: Der verändert sich nämlich!«
»Ich fühl mich total losgelöst; ich hab Blitze im Kopf.«
VP2 hat um 20:00 gekotzt.
VP1 sieht bei geschlossenen Augen schwarz-weiße Muster.
VP3 frische Wachheit.
ganz intensive Hautwahrnehmung, jede Berührung löst Schauer aus.
Wohligkeit.
VP4: »Sehr angenehm, friedlich, fröhlich; fröhlich ist etwas feierlich, heiter.«
VP1: »Ich bin total ekstatisch fröhlich!«
Die Wirkung ist e i n e Welle.
Es ist, als wenn man auf eine Tafel schreibt und das Geschriebene immer gleich mit wegwischt.

Ein Mann schrieb über seine Erfahrung mit dieser Mischung folgende Zeilen:

»Die Fröhlichkeitspillen sind ein Fliegender Teppich, der einen an die perlenden Gestade genüßlicher Sinnlichkeit trägt. Alle Sinne werden in köstlichster Weise ins Unermeßliche gesteigert. Die innere Fröhlichkeit strahlt mit dem Lächeln der Glückseligen durch den Körper, wie das Licht der Sonne die Tränen des Himmels als wunderbaren Regenbogen erscheinen läßt. Der Genuß des eigenen Körpers, des eigenen Seins und des Daseins überhaupt ist von einer kultivierten und feinen Beschaffenheit, die das Leben mit dem Sinn der göttlichen Ewigkeit versüßt. Die Seele küßt den Körper, tanzt mit ihm, und reitet auf dem Drachen der Weisheit zu den Sternen, die wie edelsteinfunkelnde Augen der Unsterblichen blinzeln. Wie das Blut den Körper durchfließt, durchströmt der Frieden des Herzens das Weltall, das vom Atem der Götter in Liebe erleuchtet. Die orientalischen Fröhlichkeitspillen sind das ultimative spezifische Aphrodisiakum.«

Eine Frau beschrieb ihre Erfahrung so:

»Orientalische Fröhlichkeits-Pillen.
Orient:
üppige Kissen, reiche Gemächer. Märchen aus tausendundeiner Nacht. Der Pfauenfederfächer schwirrt durch die Luft. Zerteilt die Duftsäulen, die von Räucherbecken aufsteigen. Betörend schöne Menschen lagern genüßlich um eine große Wasserpfeife. Die Sonne wirft durch das filigrane Schnitzwerk Ornamentflecken in den Raum.

Fröhlichkeit:
Ausgelassene Stimmung. Heiterkeit. Lachende Menschen. Für alle Sinne ist gesorgt. Muntere Gespräche taumeln von Mund zu Mund. Die Gesichter sind entspannt. Voller Sorglosigkeit schweben die Worte auf dem Atem des Wohlbefindens von einem zum anderen. Jeder wünscht sich sehnsuchtsvoll in die Endlosigkeit des Augenblicks.
Pillen:
Medizin. Oral einzunehmen. Komprimierte Pflanzenkraft. Man nimmt sie, wenn es einem schlecht geht; damit es einem besser geht, wenn es einem gut geht. Damit es umso besser geht. Eine Pille ist eine Substanz, die ich in vollem Bewußtsein zu mir nehme, damit sich die ihr innewohnenden Kräfte in mir zur optimalen leiblich-seelischen Zufriedenheit entfalten.
Orientalische Fröhlichkeitspillen:
Eine Masse aus duftenden ätherischen Ölen, wohlschmeckenden Mandeln und Kürbiskernen. Aus Olibanum und Weihrauch. Aus Samen, Blättern, Blüten von Stechapfel und Cannabis. Getränkt mit 160 Tropfen Laudanum. Und alkoholischer Lösung von Aloe. Verfeinert mit Koriander, Kardamom, Safran und Anis; verknetet mit zerlassenem Butterschmalz. Wir essen sie zusammen mit viel Flüssigkeit, damit der bittere Mohnsaft den Weg in den Magen findet. Damit die orientalische Fröhlichkeit ins Rollen kommen kann.
Was geschieht? Während wir in ein vorbereitetes Bad aus duftendem Rosmarin steigen, spüre ich eine Wohligkeit, die mir das Rückgrat entlang zu Kopfe steigt. Die Hitze, die Wirkung der Pille, lassen mich etwas schwindelig werden. Genüßlich lagern wir am Boden. In uns aufgeräumte Sauberkeit. Jedes Ding steht auf seinem Platz. Alles ist dazu angetan, uns zu be-lustigen. Wir sind mit Lust versorgt.
Langsam schweben üppigere Wolken von Wohlbefinden in unsere Sinne. Ganz allmählich verdichtet sich die angenehme Wirkung. Was wird geschehen. Wie wirken die orientalischen Fröhlichkeitspillen? Ist es das angenehme Körpergefühl? Sind es die lustvollen Hautsensationen? Mir wird schlagartig übel. Es ist, als ob der Topf zu voll wäre und als spucke er, damit er seinen Inhalt gar kochen kann, die überflüssige Masse aus. Ich entleere mich. Fühle mich angenehm; befreit; entlastet. Ob sich die Wirkstoffe bereits in meinem Körper verteilt haben? Wir entscheiden uns nach einiger Zeit für eine kleine Sensationsverstärkung. In einer schönen Pfeife rauchen wir einige Bestandteile der Pille: Haschisch, Datura, Nelken. Stärker und deutlicher rauscht die Welle an unsere Gestade. Wir liegen genüßlich mit geschlossenen Augen, lauschen der Musik, spüren zärtliche Hände auf wohlduftender Haut. Wir sind hellwach, obwohl wir ruhig, mit geschlossenen Augen liegen. Wir gröhlen nicht aufprustende Fröhlichkeit von uns, sondern ergötzen uns an der wohligen Behaglichkeit. Im Orient wurde der Wein verboten, aber das Haschisch erlaubte friedfertige träumende Nachmittage im kühlen Innenhof zu verbringen. Ähnlich ergeht es uns jetzt. Die Fröhlichkeit steigt in sanften Wellen auf; erfrischt uns, umhüllt uns. Wir geben uns glücklich dem Genuß hin, der darin besteht, sich zu erfreuen am puren So-Sein. Anspruchslos ziellos teilen wir unsere Zeit miteinander.
Nach Stunden, in denen wir abermals einzelne Ingredienzien der Fröhlichkeitspillen in duftenden Rauchschwaden aus dem Räucherkelch steigen lassen, in denen wir uns genußvoll unterhielten und langsam dem Schlaf entgegenstrebten; nach vielen Stunden äußerst angenehmen Zusammenseins trennen sich unsere Wege. Wir schlafen einen genußvollen Schlaf, erwachen frisch und klar, frühstücken mit Appetit. Und währenddessen stellen wir fest, daß noch immer eine Wolke angenehmsten Wohlbehagens uns

umgibt. Es ist, als wäre der vergangene Abend ein Vorspiel für endlose Wollust gewesen. Innerlich und äußerlich breitet sich lustvolles Betreiben für wollüstige Berührungen aus. Meine Häute sind übersät mit unzähligen Lustsensoren. Ich könnte mein Inneres nach außen stülpen, damit jede Pore Kontakt bekommt mit praller Männlichkeit.
Die Fröhlichkeitspillen entpuppen sich jetzt, 12 Stunden später, als lustsaugendes Aphrodisiakum. Es ist ein Film voll Sinnlichkeit, der sich im Kopf abspult, wenn man es nicht mehr erwartet. Erotische Phantasien streicheln durch meine Gedanken, über meine Haut. Die Vorstelllung meiner lustvoll dargebrachten Venusmuschel entzückt mich. Ich bücke mich nach vorne, spüre eine suchende Hand, eine saugende Zunge, einen sich versenkenden Phallus. Hingabe, Wollust, totale Öffnung dominieren meine Vorstellungskraft. Ich strecke meine Pobacken in die Höhe, wölbe meine saftigen Tore zur Lust nach außen, locke streichelnde Hände an, sehne die Zunge herbei - meine Brustwarzen vibrieren. Ich fühle mich wie eine Blüte, die mit betörender Farbe, mit lockenden Staubgefäßen und einladender Form einzig ein nach Vereinigung gierendes Geschlechtsteil ist. Doch all diese Lust hat nichts peinliches, nichts ausgeliefertes, nichts entgleistes an sich. Ich bin mir meiner Lust voll bewußt und ergötze mich an der Lust, die mir begegnet, die mich ebenfalls begehrt und gierig anzieht. Der Schwanz und die Eier, die Brustwarzen und zärtlichen Arme meines Mannes locken und begatten mich. Wir lassen uns fallen in die Fröhlichkeit der Schöpfung.«

Weitere Erfahrungsberichte liegen bislang nicht vor. Der Versuch, die Erlebnisse mit den orientalischen Fröhlichkeitspillen per Fragebogen (wie mit dem von Dittrich 1985: 241-248) oder mit Ralph Metzners *Altered States Graphic Profil* zu erfassen, hat bei der geringen Menge an Versuchpersonen noch keine Ergebnisse gezeigt.

Aphrodisische Ekstasen in den »Oasen der Seligen«

> »Man teilt Opium und Haschisch in gleiche Portionen und fertigt daraus Pillen an, die binnen zehn Minuten den gewünschten Erfolg erzielen.«
>
> Alexandre Dumas
> *Der Graf von Monte Christo*

> »Während der Opiumesser die Einsamkeit sucht und sich in der Stille seinen Träumereien überläßt, liebt der, welcher Haschisch genossen hat, die Gesellschaft, lacht, schwärmt und ist heiter.«
>
> Ernst Freiher von Bibra
> *Die Narkotischen Genußmittel und der Mensch*

Der Gebrauch der Orientalischen Fröhlichkeitspillen und verwandter Präparate ist möglicherweise schon tausende von Jahren alt. Die meisten der Zutaten in dem Originalrezept und fast alle Ingredienzien der verwandten Rezepturen finden sich als Medizinpflanzen und Drogen in den Pharmakopöen der Kulturen des alten Orient. Die Apothekerkunst in Mesopotamien verfügte über 250 Heilpflanzen, darunter Mohn/Opium, Tollkirsche, Alraune, Bilsenkraut, Hanf, Nieswurz, Safran, Süßholz, Mandel, Kürbis, Ambra, Teufelsdreck (Asa foetida) und Myrrhe (Pollak 1978: 140, Schultes 1978: 138). Im ägyptischen Papyrus Ebers (aus dem 16. Jh. v. Chr.) werden u.a. Alraune, Stechapfel, Styrax, Hanf, Opium, Weihrauch, Myrrhe, Fenchel und Henna als Arzneien aufgeführt (ebd.: 139).

Kräftige Berauschungen waren bereits im alten Ägypten und Mesopotamien bekannt:

> »Wenn ein Mensch Rauschtrank getrunken hat und sein Kopf ihm 'gepackt' ist, er seine Worte vergißt, während seines Redens sie 'auswischt', seinen Verstand nicht festhält, ... seine Augen starr sind, sollst du zu seiner Genesung Süßholzsaft ... Bohnen, Oleander ... in eins zerreiben, er soll es mit Öl und Rauschtrank vor dem Herankommen der Gula, am Morgen, ehe die Sonne aufgeht und ehe jemand ihn geküßt hat, trinken, so wird er genesen.« (zit. in Pollak 1978: 147f)

Aus dieser mesopotamischen Inschrift geht eindeutig hervor, daß es sich bei dem Rauschtrank *nicht* um ein einfaches alkoholisches Getränk gehandelt hat, sondern aufgrund eindeutiger Symptome (Ideeflucht, starre Augen), sowie der Gebrauch von Süßholzwurzel als Antidot (traditionell ein Gegengift bei Datura- und Cannabisintoxikationen) auf tropanalkaloidhaltige Bestandteile sowie auf Opium oder Cannabis schließen läßt. Es erscheint also als durchaus möglich, daß die Grund-

lagen für das Rezept der Orientalischen Fröhlichkeitspillen bereits in den frühen Hochkulturen erarbeitet wurden oder bekannt waren.
Der vedische und ayurvedische Gebrauch von Bhang und Majun stammt vermutlich aus vorchristlicher Zeit (Bharati 1977: 208). Wann die Araber die Mischungen kennenlernten ist unklar; sicherlich spätestens im Mittelalter. In der frühen Neuzeit waren ähnliche Rezepturen in Europa gebräuchlich (Hexensalben, Theriak). Ob das zu Anfang des 19. Jahrhunderts in Europa bekannt gewordene Rezept der *Fröhlichkeitspillen* von den Indern oder Arabern stammt ist unbekannt. Sicher ist anzunehmen, daß den Fröhlichkeitspillen in Europa in bestimmten Kreisen recht stark zugesprochen wurde.
Leider ist kein einziges genaues Rezept (mit Mengenangaben) überliefert. Ebenso ist unbekannt, in welchem Ausmaße heutigentags im Orient der Gebrauch der Fröhlichkeitspillen oder ähnlicher Rezepturen verbreitet ist.

Die in den Quellen versprochenen Wirkungen - »Erregung unbeschreiblichen Wohlbefindens« und »Ekstase, Hochgefühl, gesteigerte sexuelle Wünsche« - scheinen mit dem rekonstruierten Rezept [siehe Kap. *Erfahrungen*] durchaus und leicht erreichbar.

Das Geheimnis der »Orientalischen Fröhlichkeitspillen« ist der Synergismus der pharmakologisch wirksamen Bestandteile. Nachdem die Rezepturen analysiert wurden, sollen sie in ihrer Gesamtheit betrachtet werden; denn »die Analyse kann nie zu einer vollständigen Erkenntnis führen, denn das Ganze ist stets mehr als seine Teile« (Junius 1982: 14).
Das Kombinationspräparat enthält folgende pharmakologische Prinzipien, die mit analogen Neurotransmittern des menschlichen Nervensystems kongruent sind:

Opium-Alkaloide	Endorphin, Enkephalin
Tropan-Alkaloide	Acetylcholin
amphetaminartige Strukturen (aus den ätherischen Ölen; durch Aminierung)	Adrenalin, Noradrenalin
Cannabinole [Δ^9-THC]	*bisher nicht entdeckt*
Tryptophan	Tryptophan/Serotonin
Indole (Strychnin)	ß-Carboline

(vgl. Höhle et al. 1986: 27; Shulgin 1970)

Keins dieser pharmakologischen Prinzipien hat alleine die Wirkung, wie alle zusammen. Es scheint so, als ob die Ingredienzien in der Kombination die jeweils möglichen Nebenwirkungen der einzelnen Stoffe aufheben. Die Synergismen der einzelnen Stoffgruppen sind bisher kaum untersucht worden. Vom THC ist bekannt, daß »die akute Toxizität von Narkotika und Morphin unter Einwirkung von Cannabis erhöht, die von Amphetamin dagegen geringer« ist (Coper 1980: 461). Mehr ist anscheinend nicht bekannt.

Aufgrund der vorliegenden ethnopharmakologischen Untersuchung ist jedenfalls deutlich erkennbar, daß eine möglichst breitgefächerte Überflutung der Rezeptoren mit exogenen Transmittern zu den beschriebenen aphrodisischen Ekstasen führt und Tore zu den Oasen der Seligen öffnet.

ANHANG

Verzeichnis der angeführten Pflanzen (lateinisch - deutsch)

Abies webbiana	Talisapatra
Aconitum napellus	Sturmhut, Eisenhut
Acorus calamus	Kalmus
Aethusa cynapium	Hundskraut, Hundskrautwurzel, Hundspetersilie
Allium sativum	Knoblauch
Aloe spp.	Aloe
Alpinia officinarum	Galgant, Galgantwurzel
Anacyclius pyrethrum	Römischer Bertram, Bertramwurzel
Angelica archangelica	Engelwurz, Theriakwurz, Angelikawurzel
Anthemis nobilis	Skammonia (asiatisch)
Apium graveolens	Sellerie
Areca catechu	Betelpalme, Betelnuß
Arthemisia absinthium	Wermut
Arthemisia cina	Zitwer, Zitwer-Beifuß
Atropa belladonna	Tollkirsche, Belladonna
Avena sativa	Hafer
Bambusa arundinacia	Bambus-Manna
Boletus laryas	Lärchenschwamm
Boswellia spp.	Olibanum, Weihrauchstrauch
Caesalpinia bonducella	
Cannabis indica	Hanf, indischer Hanf, Haschisch, Kif, Marijuana, Gras, Ganja, Charas, Bhang, *vijaja*
Capsicum spp.	Chilli
Carlina acaulis	Eberwurz, Silberdistel
Caryophyllus aromaticus	Lavanga
Cassia senna	Sennapflanze, Sennesblätter
Cinnamomum camphora	Kampfer
Cinnamomum cassia	Cassie, chinesicher Zimt
Cinnamomum tamala	*tamala*-Zimt
Cinnamomum zeylanicum	Zimt, Ceylonzimt
Citrus aurantium	Orange, Apfelsine
Cocos nucifera	Kokospalme
Commiphora spp.	Myrrhe
Conium maculatum	Schierling
Coriandrum sativum	Koriander
Crocus sativus	Safran
Cuminum cyminum	Kreuzkümmel, Cumin, Römischer Kümmel
Curcubita spp.	Kürbis
Curcuma domestica	Kurkuma, Gelbwurz
Curcuma zedoaria	Zitwer, Zitwerwurzel

Datura alba	Weißer Stechapfel, Man-t'o-lo
Datura ceratocaula	Gartendatura, Stechapfel
Datura discolor	Toloache, Stechapfel
Datura fastuosa	Purpurstechapfel
Datura inoxia	Stechapfel, amerik.
Datura metel	Stechapfel, Metelnuß, Rauchapfel, Dhatura, Unmata, Tatorah
Datura stramonium	Gemeiner Stechapfel
Dianthus carthusianourum	Gartennelke
Dictamnus albus	Diptam
Elettaria cardamomum	Kardamom
Embelia ribes	Vidanga
Ephedra spp.	Meerträubel, Ma-Huang
Eugenia caryophyllata	Nelke, Gewürznelke
Feronia elephantum	
Ferula asa-foetida	Teufelsdreck, Stinkasant, Asafoetida
Ferula galbaniflua	Galbanum
Ferula opopanax	Opopanax
Foeniculum vulgare	Fenchel
Fraxinus ornus	Manna
Gentiana lutea	Enzian
Glycosmis citrifolia	Pohun nerapih
Glycyrrhiza glabra	Süßholz
Helleborus sp.	Nieswurz
Helianthus annuus	Sonnenblume
Hyoscyamus niger	Bilsenkraut, Appolonaris
Inula helenium	Alant, Schlangelwurzel
Ipomoea orizaba	Blaue Skammonia
Ipomoea rubro coerulea praecox	Blaue Kimmerwinde
Kaempferia galanga	Maraba, Kampfer, Galanga
Lactuca spp.	Lattich, Salat
Laurus nobilis	Lorbeer
Lavandula angustifolia	Lavendel
Lawsonia inermis	Henna
Liquidamber orientalis	Styrax
Mallotus phillippinensis	Kesara
Mandragora officinarum	Alraune
Mentha aquatica	Bachminze
Mesua ferrea	

Morinda citrifolia	Schildkrötenbaum
Moringa pterygosperma	Merrunggai
Myristica fragrans	Muskatbaum
Nasturtium officinale	Brunnenkresse
Nerium oleander	Oleander, Rosenlorbeer
Nicotiana tabacum	Tabak
Nigella sativa	
Odina nodier	Odinabaum
Origanum majoranum	Majoran
Padellium muracus	
Papaver somniferum	Schlafmohn, Mohn, Opium, »Pflanze der Freude«
Pastinaca sp.	Pastinak
Peganum harmala	Steppenraute, Harmal
Petroselinum crispum	Petersilie
Phyllanthus emblica	Myrobalane
Pimpinella anisum	Anis
Pimpinella major	Bibernelle
Piper betle	Betelpfeffer
Piper cubeba	Kubebenpfeffer
Piper longum	Langer Pfeffer
Pipar nigrum	Schwarzer Pfeffer
Plumbago zelanica	Citraka
Potentilla sp.	Fünffingerkraut
Prunus communis var. dulcis	Mandel, Süßer Mandelbaum
Pterocarpus santalinus	Rotes Sandelholz
Quercus sp.	Eiche
Reum officinale	Rhabarber
Ruta graveolens	Raute, Gartenraute
Santalum album	Weißes Sandelholz
Scilla maritima	Meerzwiebel, Moly
Scopolia carniolica	Tollkraut
Sempervivum tectorum	Hauswurz, Donnerkraut
Sesamum indicum	Sesam
Solanum dulcamara	Bittersüßer Nachtschatten
Stallena pancrina	Vogelbeere
Strychnos nux-vomica	Brechnuß, Nux vomica
Tamarindus indica	Tamarinde
Terminalia bellerica	Myrobalane
Terminalia chebula	Myrobalane

Tormentilla erecta	Blutwurz
Triticum sativum	Weizen
Valeriana officinalis	Baldrian, Theriakwurzel
Valeriana wallichii	indischer Baldrian
Vanilla planifolia	Vanille
Verbena officinalis	Eisenkraut, Druidenkraut
Zingiber officinarum	Ingwer

Literaturverzeichnis

AIGREMONT, Dr.
1986 *Volkserotik und Pflanzenwelt* Berlin: EXpress Edition

AINSLE, Whitelaw
1979 *Materia Indica* Delhi: Jayyed Press

ANANGA-RANGA
1985 München: Goldmann

ANWARI-ALHOSSEYNI, Schams
1981 »Haschisch und Opium im Iran« in: *Rausch und Realität,* Bd. 2 Köln: Rautenstrauch-Joest-Museum

ANDREWS, George & Simon VINKENOOG (Hg.)
1968 *The Book of Grass* New York: Grove Press

ALDRICH, Michael R.
1977 »Tantric Cannabis Use in India« *Journal of Psychedelic Drugs* 9(3): 227-233

ALLEN, Timothy F.
1875 *The Encyclopedia of Pure Materia Medica* (Voll. II) New York, Philadelphia: Boericke & Tafel

ALTMANN, Horst
1980 *Giftpflanzen - Gifttiere* München: Marseille

AVERY, A.G.
1959 »Historical Review« in: A.G. AVERY et al. (Hg.), *Blakeslee: The Genus Datura:* 3-15, New York: Ronald Press

BAAR, Adrian
1977 *Erzählungen eines indischen Vampirs* Frankfurt/M.: Fischer

BANGS, Lester
1978 »Ich sah Gott und/oder Tangerine Dream« *Rocksession* 2: 155-158, Reinbek: Rowohlt

BAUDELAIR, Charles
1972 *Die künstlichen Paradiese* Köln: Hegner

BEER, Rüdiger Robert
1972 *Einhorn* München: Callway

BEHR, Hans-Georg
1980 *Weltmacht Droge* Wien, Düsseldorf: Econ
1982 *Von Hanf ist die Rede* Basel: Sphinx
o.D. *Nebukadnezars Traum* Raubdruck

BENNET, Sula
1975 »Early Diffusion and Folk Uses of Hemp« in: Vera RUBIN (Hg.), *Cannabis and Culture:* 39-49, The Hague: Mouton

BERGE, Fr. & W.A. RIECKE
1845 *Giftpflanzen-Buch oder allgemeine und besondere Naturgeschichte sämtlicher inländischer sowie der wichtigsten ausländischen phaneroganischen und cryptogamischen Giftgewächse* Stuttgart: Hoffmann'sche Verlags-Buchhandlung

BERNATZIK, Hugo Adolf
1951 *Die Geister der Gelben Blätter* Gütersloh: C. Bertelsmann

BHARATI, Agehananda
1977 *Die Tantra-Tradition* Freiburg iB: Aurum

BIBRA, Ernst Freiherr von
1855 *Die narkotischen Genußmittel und der Mensch* Nürnberg: W. Schmid

BIRGH, E.A.
1889 »The Use of Indian Hemp in the Treatment of Chronic Chloral and Chronic Opium Poisoning« *Lancet* 1 (March 30): 625

BOSE, A.K.
1981 »Aphrodisiacs - A Psychosocial Perspective« *Indian Journal of History of Science* 16(1): 100-103

CHATURVEDI, G.N., S.K. TIWARI & N.P. RAI
1981 »Medicinal Use of Opium and Cannabis in Medieval India« *Indian Journal of History of Science* 16(1): 31-35

CHOPRA, I.G. & R.N. CHOPRA
1957 »The Use of the Cannabis Drugs in India« *Bulletin on Narcotics* 9(1): 4-29

CHRUBASIK, Sigrun & Joachim CHRUBASIK
1983 *Kompendium der Phytotherapie* Stuttgart: Hippokrates

COCTEAU, Jean
1968 *Opium - Ein Tagebuch* München: dtv

COHEN, Sidney
1982 »Cannabis and Sex: Multifaceted Paradoxes« *Journal of Psychoactive Drugs* 14(1-2): 55-58

COPER, H.
1980 »Psychopharmaka« in W. FORTH et al. (Hg.), *Allgemeine und spezielle Pharmakologie und Toxikologie:* 447-465, Mannheim usw.: BI-Wissenschaftsverlag

DAVITA
1985 Augsburg: Maroverlag

DICK, Uwe
1986 *Theriak* München: Piper

DIECKHÖFER, K., Th. VOGEL & J. MEYER-LINDENBERG
1971 »Datura Stramonium als Rauschmittel« *Der Nervenarzt* 12(8): 431-437

DITTRICH, Adolf
1985 *Ätiologie-unabhängige Strukturen veränderter Wachbewußtseinszustände* Stuttgart: Enke

DOUGLAS, Nik & Penny SLINGER
1979 *Sexual Secrets* New Vork: Destiny

DUERR, Hans Peter
1978 *Traumzeit* Frankfurt/M.: Syndikat

DER DUFTENDE GARTEN DES SCHEIKS NEFZAUI
1985 München: Goldmann

DWARAKANATH, C.
1965 »Use of Opium and Cannabis in the Traditional Systems of Medicine in India« *Bulletin on Narcotics* 17(1): 15-19

EBERHARD, Wolfram
1983 *Lexikon chinesischer Symbole* Köln: Diederichs

FINK, Hans
1980 *Südtiroler Küche, Tisch und Keller* Bozen: Athesia
1983 *Verzaubertes Land* Wien, Innsbruck: Tyrolia

FIRN/DAIMONIDES, Edgar
1983 *Bibergeil* München: Verlag Klaus G. Renner

FÜHNER, H.
1925 »Solanazeen als Berauschungsmittel« *Archiv für experimentelle Pathologie und Pharmakologie* 111: 281-294

GÄBLER, Hartwig
1982 »Cucurbita pepo L.« *Die Heilkunst* 95(8): 424-426

GARGIA DA ORTA
1913 *Colloquies on the Simples & Drugs of India* London: Sotheran

GEDDES, William Robert
1976 *Migrants of the Mountains: The Cultural Ecology of the Blue Miao (Hmong njua) of Thailand* Oxford: Claredon Press

GELPKE, Rudolf
1982 *Vom Rausch im Orient und Okzident* Frankfurt/M., Berlin, Wien: Ullstein

GIMLETTE, John D.
1971 *Malay Poisons and Charm Cures* Kuala Lumpur usw: Oxford University Press

GINZBURG, Carlo
1980 *Die Benandanti: Feldkulte und Hexenwesen im 16. und 17. Jahrhundert* Frankfurt/M.: Syndikat

HAACK, Harald
1984 *Der Liebe zur Freude: Erotische Buchmalerei aus Thailand* Dortmund: Harenberg

HALIKAS, James, Ronald WELLER & Carolyn MORSE
1982 »Effects of Regular Marijuana Use on Sexual Perfomance« *Journal of Psychoactive Drugs* 14(1-2): 59-70

HANSEN, Harold A.
1981 *Der Hexengarten* München: Trikont

HARTMANN, Walter
1915 *Der Mohn, seine Kultur, Geschichte und geographische Verbreitung, sowie Art und Ausdehnung des Opiumgenusses* Jena: Gustav Fischer

HARTWICH, Carl von
1911 *Die menschlichen Genußmittel* Leipzig: Tauchnitz

HENGLEIN, Martin
1985 *Die heilende Kraft der Wohlgerüche und Essenzen* München: Schönberger

HERTZKA, Gottfried & Wighard STREHLOW
1986 *Die Edelsteinmedizin der heiligen Hildegard* Freiburg iB: Bauer

HLAVA, Bohumir & Dagmar LANSKA
1977 *Lexikon der Küchen- und Gewürzkräuter* Herrsching: Pawlak

HÖHLE, Sigi, Claudia MÜLLER-EBELING, Christian RÄTSCH & Ossi URCHS
1986 *Rausch und Erkenntnis* München: Knaur

HOFMANN, Karl A. & Ulrich R. HOFMANN
1949 *Anorganische Chemie* Braunschweig: Vieweg

JAIN, S.K. & G.R. TARAFDER
1970 »Medicinal Plant-lore of the Santals« *Economic Botany* 24(3): 241-278

JHA, A.
1979 *Sexual Designs in Indian Culture* New Delhi: Vikas

JOHNSON, R.T.
1977 »Jimson Weed Toxicity« *Clinical Medicine* 84: 14-15

JÜNGER, Ernst
1980 *Annäherungen - Drogen und Rausch* Frankfurt/M. usw.: Ullstein

JUNIUS, Manfred M.
1982 *Praktisches Handbuch der Pflanzen-Alchemie* Interlaken: Ansata

KABELIG, J. et al.
1960 »Cannabis as a Medicament« *Bulletin on Narcotics* 12(3): 5-23

KAMAL, Hassan
1975 *Encyclopaedia of Islamic Medicine* Cairo: GEBO

KAMASUTRAM
1985 München: Goldmann

KENNEDY, Alison B. & Christian RÄTSCH
1985 »Datura: Aphrodisiac?« *High Frontiers* No. 2: 20, 25

KESSLER, Thomas (Hg.)
1985 *Cannabis helvetica* Zürich: Nachtschatten-Verlag

KHAN, A.B., M. TARIQ, S.H. AFAQ & M. ASIF
1981 »Poisons and Antidotes in Unani System of Medicine« *Indian Journal of History of Science* 16(1): 57-63

KISSLING, H.J.
1957 *Zur Geschichte der Rausch- und Genußgifte im osmanischen Reiche* München: Südostasiatische Forschungen, Bd. 16

KLAUSNITZER, Bernhard
1981 *Wunderwelt der Käfer* Leipzig: Edition Leipzig

KOTSCHENREUTHER, Helmut
1978 *Das Reich der Drogen und Gifte* Frankfurt/M., Berlin, Wien: Ullstein

KUNZ, George Frederick
1971 *The Curious Lore of Precious Stones* New York: Dover

LAD, Vasant
1986 *Das Ayurveda Heilbuch* Haldenwang: Schangrila

LAURENT, Emile & Paul NAGOUR
1934 *Magica Sexualis* New York: Anthropological Press (dt. *Okkultismus und Liebe,* Schwarzenburg: Ansata 1979)

LEETE, Edward
1959 »The Alkaloids of Datura« in: A.G. AVERY et al. (Hg.), *Blakeslee: The Genus Datura,* 44-56, New York: Ronald Press

LEUNER, Hanscarl
1981 *Halluzinogene* Bern usw.: Huber

LEWIN, Louis
1980 *Phantastica* Linden: Volksverlag

LI SHIH-CHEN, F.Porter SMITH & G.A. STUART
1973 *Chinese Medicinal Herbs* San Francisco: Georgetown Press

LUDLOW, Fitz Hugh
1981 *Der Haschisch-Esser* Basel: Sphinx

LüHL, Hendrick
1983 *Geishas und Kurtisanen* Dortmund: Harenberg

MARCUSE, Max
1923 *Handwörterbuch der Sexualwissenschaft* Bonn: Marcus & Webers

MARZELL, Heinrich
1922 *Unsere Heilpflanzen* Freiburg iB: Th. Fischer
1964 *Zauberpflanzen - Hexentränke* Stuttgart: Kosmos

MEHRA, K.L.
1979 »Ethnobotany of Old World Solanaceae« in: J.G. HAWKES et al. (Hg.), *The Biology and Taxonomy of the Solanacea,* 161-170, London: Academic

METZNER, Ralph
1985 *Altered States Graphic Profile (ASGP)* San Fransicso, Manuskript

MILLER, Richard Alan
1985 *The Ritual & Magical Use of Aphrodisiacs* New York: Destiny

MIKURIJA, Tod H. (Hg.)
1973 *Marijuana: Medical Papers* Oakland, CA: Medi-Comp Press

MIRIN, S.M. et al.
1980 »Opiate Use and Sexual Function« *American Journal of Psychiatry* 137 (8): 909-915

MOINUDDIN, Sheikh Hakim abu Abdullah
1984 *Die Heilkunst der Sufis* Freiburg iB: Bauer

MOSER-SCHMITT, Erika
1981 »Sozioritueller Gebrauch von Betel in Indien« in: *Rausch und Realität* Bd. 2: 546-551, Köln: Rautenstrauch-Joest-Museum

MOST, Georg Friedrich
1973 *Encyklopädie der gesammten Volksmedicin* Graz: Akademische Druck- u. Verlangsanstalt (Reprint von 1843)

MRABET, Mohammed
1984 *M'hashish* San Francisco: City Lights Books

MüLLER, Irmgard
1982 *Die pflanzlichen Heilmittel bei Hildegard von Bingen* Salzburg: Otto Müller Verlag

MÜLLER-EBELING, Claudia & Christian RÄTSCH
1986a *Isoldens Liebestrank: Aphrodisiaka in Geschichte und Gegenwart* München: Kindler
1989 *Heilpflanzen der Seychellen: Ein Beitrag zur kreolischen Volksheilkunde* Berlin: VWB - Verlag für Wissenschaft und Bildung

NAHAS, Gabriel G.
1982 »Hashish in Islam, 9th to 18th Century« *Bull.N.Y.Acad.Med.* 58 (9): 814-831

NIZAMI
1963 *Leila und Madschnun* Zürich: Manesse

O'SHAUGHNESSY, W.B.
1973 »On the Preperations of the Indian Hemp, or Gunja« in: → MIKURIJA: 3-30

OSIANDER, Johann Friedrich
1838 *Volksarzneimittel und einfache, nicht pharmaceutische Heilmittel gegen Krankheiten des Menschen* Tübingen: 3. Aufl.

PAHLOW, Mannfried
1979 *Das große Buch der Heilpflanzen* München: Gräfe und Unzer

PARDO DE TAVERA, T.H.
1901 *The Medicinal Plants of the Philippines* Philadelphia: P. Blakiston's Son & Co.

PELT, Jean-Marie
1983 *Pflanzenmedizin* Düsseldorf, Wien: Econ
1983a *Drogues et plantes magiques* Paris: Fayard

PENZER, N.M.
1924 *The Ocean of Story (Somadeva)* London: Grafton House
1952 *Poison-Damsels* London: Grafton House

PERRY, Lily M. & Judith METZGER
1980 *Medicinal Plants of East and Southeast Asia* Cambridge, London: MIT Press

PEUCKERT, Will-Erich
1960 »Hexensalben« *Medizinischer Monatsspiegel* 8: 169-174

PLOOG, Jürgen
1978 »Kinder der Amerikanischen Nacht« *Rocksession* 2: 269-283, Reinbek: Rowohlt

POLLAK, Kurt
1978 *Die Heilkunst der frühen Hochkulturen* Wiesbaden: Löwit

RÄTSCH, Christian
1986 *Ethnopharmakalogie und Parapsychologie* Berlin: EXpress Edition
1987 *Alte Kräuter und moderne Drogen«* Hamburg: MS

1988 *Lexikon der Zauberpflanzen* Graz: ADEVA
1990 *Pflanzen der Liebe* Bern: Hallwag

RANDOLPH, P.B.
1981 *Magia Sexualis* Paris: Guy de Prat

REGER, Karl Heinz
1984 *Hildegard-Medizin* München: Goldmann (2. Aufl.)

RIGHTER, Dieter
1984 *Schlaraffenland: Geschichte einer populären Phantasie* Köln: Diederichs

RIMMEL, Eugene
1985 *Das Buch des Parfums* Dreieich: Hesse & Becker

ROBERTSON, W.G. Aitchison
1926 »The Use of the Unicorn's Horn, Coral and Stones in Medicine« *Annals of Medical History* 8 (3): 240-248

ROFFMAN, Roger A.
1982 *Marijuana as Medicine* Seattle: Madrona Publishers

ROSE, Jeanne
1972 *Herbs & Things* New York: Grosset & Dunlap

ROSNER, Fred
1974 *Sex Ethics in the Writings of Moses Maimonides* New York: Block

ROTH, Lutz, Max DAUNDERER & Kurt KORMANN
1984 *Giftpflanzen - Pflanzengifte* München: ecomed

SAFFORD, William E.
1922 »Daturas of the Old World and New: An Account of Their Narcotic Properties and Their Use in Oracular and Initiatory Ceremonies« *Annual Report of the Smithsonia Institution,* I920: 537-567

SAMI-ALI
1971 *Le haschisch en égypte* Paris: Payot

SANDERS, Kevin
1985 »30-Stunden-Erektion« *Penthouse* Nr.4/April: 65-68, 196, 200

SANGAR, S.P.
1981 »Intoxicants in Mughal India« *Indian Journal of History of Science* 16 (2): 2O2-214

SARNGADHARA
1933 *Sarngadhara Samhita* Benares City: Master Kheladi Lal and Sons

SATINA, Sophie & A.G. AVERY
1959 »A Review of the Taxonomic History of Datura« in: A.G. AVERY et al. (Hg.), *Blakeslee: The Genus Datura:* 16-47, New York

SCHIVELBUSCH, Wolfgang
1983 *Das Paradies, der Geschmack und die Vernunft* Frankfurt/M., Berlin, Wien: Ullstein

SCHMIDBAUER, Wolfgang & Jürgen VOM SCHEIDT
1976 *Handbuch der Rauschdrogen* Frankfurt/M.: Fischer
1984 *Handbuch der Rauschdrogen* (erweiterte Aufl.) Frankfurt/M.: Fischer

SCHMITZ, Rudolf
1981 »Opium als Heilmittel« in: *Rausch und Realität* Bd. 1, Köln: Rautenstrauch-Joest-Museum

SCHULTES, Richard Evans
1978 »Das Erbe der Volksmedizin« in: W. THOMSON (Hg.), *Heilpflanzen und ihre Kräfte* Bern: Colibri

SCHULTES, Richard E. & Albert HOFMANN
1980 *Pflanzen der Götter* Bern: Hallwag

SCHWOB, Marcel
1969 »Das Opiumhaus« in: W. PEHNT (Hg.), *Das Spiegelkabinett* München: dtv

SELDEN, Gary
1979 *Aphrodisia* New York: Dutton

SETH, S.D., Asoke MUKHOPADHYAY, K. RAGHUNATHAN & R.B. ARORA
1975 *Pharmacodynamics of Musk* New Delhi: Central Council for Research in Indian Medicine and Homoeopathy

SHARMA, G.K.
1977 »Ethnobotany and Its Significance for Cannabis Studies in the Himalayas« *Journal of Psychedelic Drugs* 9 (4): 337-339

SHARMA, P.V.
1981 »Contributions of Sarngadhara in the Field of Materia Medica and Pharmacy« *Indian Journal of History of Science* 16 (1): 3-10

SHULGIN, Alexander T.
1970 »Chemistry and Structure-Activity Relationship of the Psychotomimetics«in: D.H. EFRON (Hg.), *Psychotomimetic Drugs:* 21-38, New York: Raven

SPILMONT, Jean-Pierre
1984 *Magie* München: Heyne

STARCK, Adolf Taylor
1986 *Der Alraun* Berlin: EXpress Edition

STARK, Raymond
1984 *Aphrodisiaka und ihre Wirkung* München: Heyne

STARKS, Michael
1981 *Marihuana Potenz* Linden: Volksverlag

STARY, Frantizek
1983 *Giftpflanzen* Hanau: Dausien

STEINSCHNEIDER, Moritz
1971 *Die toxikologischen Schriften der Araber* Hildesheim: Gerstenberg

STERN, Bernhard
1903 *Medizin, Aberglaube und Geschlechtsleben in der Türkei* Berlin: Barsdorf

STÖHR, Waldemar
1981 »Betel in Südost- und Südasien« in: *Rausch und Realität* Bd. 2: 552-559, Köln: Rautenstrauch-Joest-Museum

THAKKUR, Ch.G.
1977 *Ayurveda: Die indische Heil- und Lebenskunst* Freiburg: Bauer

THOMPSON, C.J.S.
1897 *The Mystery and Romance of Alchemy and Pharmacy* London: Scientific Press
1929 *The Mystery and Art of the Apothecary* Philadelphia: Lippencott

THORWALD, Jürgen
1985 *Macht und Geheimnis der frühen Ärzte* München: Knaur

TICHY, William
1979 *Poisons, Antidotes and Anecdotes* New York: Sterling Publ.

TOUW, Mia
1981 »The Religious and Medicinal Uses of Cannabis in China, India and Tibet« *Journal of Psychoactiv Drugs* 13 (1): 23-34

TREBEN, Maria
1980 *Gesundheit aus der Apotheke Gottes* Steyr: Ennsthaler

UDUPA, K.N. & S.N. TRIPATHI
1980 *Natürliche Heilkräfte: Früchte, Beeren, Gemüse, Gewürze* Eltville am Rhein: Rheingauer Verlagsgesellschaft

VOM SCHEIDT, Jürgen
1984 »Hexensalben« in: W. SCHMIDBAUER & VOM SCHEIDT, *Handbuch der Rauschdrogen* Frankfurt/M.: Fischer

WAGNER, Hildebert
1985 *Pharmazeutische Biologie* (3. Aufl.) Stuttgart, New York: G. Fischer

WALKER, Morton & Joan WALKER
1983 *Sexual Nutrition* New York: Coward-McCann

WEDECK, Harry E.
1963 *Love Potions Through the Ages* New York: Philosophical Library

WEIL, Andrew
1967 »Nutmeg as a Psychoactive Drug« in: D. EFRON (Hg.), *Ethnopharmacological Search for Psychoactive Drugs:* 188-201, Washington D.C.

WICHTL, M. (Hg.)
1984 *Teedrogen* Stuttgart: Wissenschaftliche Verlagsgesellschaft

ZUMKLEY, H., W. ZIDEK, A.E. LISON & H.P. BERTRAM
1983 »Klinik des Zinkmangel-Syndroms« *Aktuelle Ernährungsmedizin* 8 (3): 116-118